ドラゴン桜公式 10日で攻略

監修
孫 辰洋

著者
西岡壱誠

相佐優斗

ドラゴン英検® 2級

JN012887

リベラル社

なぜ10日で英検2級を
攻略できるのか？

　突然ですが、みなさんは英検を取得したいですか？　この本の表紙を見てこの本を手に取っている人のほとんどは、当たり前ですが、英検を取りたいと思っていることと思います。

進学・就職…ますます重要度を増す英検

　英検という資格は、ここ5〜6年で扱いが大きく変わってきています。
　大学受験を考える場合には、総合型選抜で英検を使うことができます。これは、ペーパーテストで学力を測るのではなく、面接や小論文などで受験生のことを多面的に知ろうとする試験方式です。そして、大学入試に占める総合型選抜の割合は2024年現在、16.8％となっています。学校推薦（26.9％）と合わせると、ペーパーテストの一般入試（43.3％）よりも多くなっているのです。そしてこの選抜で重視されるのは、英語力です。大学側としては英語力がある人に入ってもらいたいと考えていて、そうなると英語力を無条件で証明してくれる英検は大事になるわけです。また、大学の一般入試ですら、「英検何級を取っていたら試験は免除しますよ」「英検準1級なら、英語はもう満点あげますよ」っていう大学も増えています。英検は、学生にとって必須の資格試験になっているのです。
　そして、その取得は早期であれば早期であるほど、あとから別の勉強に時間を割くこともでき、そして単純に「こんなに若い時から英検を取っていたんだ」ということで評価されます。なんと最近では小学生でも

英検２級を取得する人が増えてきています。高校３年間で２級を取れればいいよね、と言われていたにもかかわらず、最近では中学生の間に取るのも普通になってきているわけです。**昔は一部の人が取っているだけでしたが、もはや大学受験をする人はみんな取っているようなもの**になっていて、広がっています。そして、それだけ当たり前の資格になっているからこそ、大学受験をしない人でも、就職の際の履歴書にも書いている人が増えてきました。

　ここ数年で、英検は、取っておいたら便利なものから、取っておかないと不安なものになってきているのです。そして、だからこそ問題になるのは、**英検をどれくらいで攻略するか**という話です。

　取っておかなければならない資格ではありますが、英検は何回も受験することができてしまいます。年に３回もあるので、多くの人は「とりあえず次回の受験のタイミングでいいかな」「今はまだ、準備不足だし」と考えてしまいがちです。そうして後回しにすると、その次のタイミングでもまた同じように、「まだ時期じゃない」と考えてしまいがちです。もちろん、しっかりとした準備をすることは大切です。でも同時に、期限を切って、きちんと「期限以内に終わらせないと」と意識して勉強していくことも重要なのです。

10日間、本気で英検に向き合う

　英検のような資格試験は、長距離マラソンのように勉強するのではなく、短期間に一気に勉強した方が、合格率が高まります。実際、私たちは今まで何百人もの英検の取得を手伝ってきましたが、10日間本気で勉強して資格をもぎ取る人が多いです。だらだらと半年近く勉強するのではなく、「1週間でなんとかしよう」でもなく、**10日間本気で英検と向き合うと、合格率が一気に跳ね上がる**のです。

　そしてこの、「短期間で一気に結果を出す」という思考は、偏差値35から1年で東大合格を目指すマンガ『ドラゴン桜』と通じる部分が多いです。ドラゴン桜の1巻では、こんなシーンがあります。

　「たった1年、死ぬ気で頭に詰め込むくらい、大したことないじゃない」桜木先生はそう言ったわけですが、裏を返せば「**無理をするなら短期間で集中的に**」ということです。

　一気にガッとやるほうがいいことって人生にはたくさんあって、受験勉強もそうですし、英検もそのひとつだと思います。無理をするなら短期間で。語学の習得・英検の取得は10日間で。

　みなさん、この本を読んで、一気に英検の対策をしてみませんか？本書では、「ドラゴン桜」のワンシーンを引用しながら、英検の対策を10日間で行っていく本です。

　　DAY1〜DAY3　　リーディング問題攻略
　　DAY4〜DAY6　　ライティング問題攻略
　　DAY7〜DAY8　　リスニング問題攻略
　　DAY9〜DAY10　　新英検問題攻略

　英検2級の一次試験を突破するために重要な読解の能力・ライティングの能力、そしてリスニングの能力を8日間で身につけて、そして2024年より新規でライティングの問題に追加された「要約問題」を9日・10日目に身につけます。10日間の中では、能力を身に付ける日もあれば、問題の解説をする日もあります。独立して勉強するのではなく、リーディングを勉強すると見えてくるリスニングの真髄や、ライティングの勉強の中でわかってくるリスニング・新英検対策の重要ポイントもあります。しっかりとそれを理解して掴むようにしましょう。

　またこの本では、単語に関しては触れないことをご了承ください。単語の勉強だけは、この10日間の中には含めず、自分で努力することを推奨します。これについては、次のページで単語の勉強の仕方を書いていますのでぜひご覧ください！

　10日間で、英検の問題を攻略するために、ぜひみなさんがんばっていきましょう！

単語の勉強の仕方について

　英単語の勉強も「短期間で一気に」というのをおすすめしています。た
とえば、「この1000単語を、英検までの1か月で覚えてください！」と言う
とこんな反応がよく返ってきます。「わかりました。1か月で1000個という
ことは、1000単語÷30日間、1日に33単語くらい覚えていけば間に合いま
すね。1日に33単語くらいなら、60分くらいやれば覚えられそうなので、
それならがんばれそうです！」

　このように、単語数を日数で割って勉強しようとする人が多いですが、
大抵の場合失敗します。なぜなら、人間は忘れっぽい生き物だからです。
今記憶したことでも、24時間経てば約90％は忘れてしまって、全然記憶に
とどまりません。

　では、英単語を1か月で1000語覚えてもらうときに、どんな指導をして
いるのかといえば、1000語を一気に1時間でペラペラめくってみるという
行為を、30回繰り返してもらいます。この時、単語1つを見る時間は、だ
いたい2〜3秒です。スピードを考慮した暗記を何度も繰り返していくのです。
とにかく、忘れてもいいので脳に焼き付けるのです。それができれば1日2
回程度・1時間1000語を繰り返していきます。100語とか200語とか、そん
な半端な数の暗記はやめて、とにかく1000語覚えたいなら1000語に、毎
日触れてはいる状態にします。

　もちろん、2〜3秒しか見られないので、はじめは戸惑うと思います。そ
んな短時間しか見ていない記憶なので、覚えられているか最初は不安に思
うことでしょう。もちろん、最初は全然覚えられない人がほとんどです。

　でも、それで大丈夫です。そもそも、しっかりやったとしても、そんな
に覚えられません。それよりは、パパッと見るのを繰り返したほうが、圧
倒的に効率がいいのです。この方法を使うことで、とにかく1000個の単語
に何度も触れることができるようになります。そして、触れ続ければ、だ
んだん覚えられるようになっていくのです。

CONTENTS

ドラゴン桜公式　10日で攻略 ドラゴン英検®2級

リーディング問題攻略

ライティング問題攻略

リスニング問題攻略

新英検問題攻略

本書の構成と使い方

STEP1（本冊）

マンガでざっくりと理解

　まずはマンガ『ドラゴン桜』のワンシーンをみなさんには読んでもらいます。その日に養ってもらいたい能力について、『ドラゴン桜』のいろいろな先生たちが教えてくれます！　登場人物の1人になったつもりで、その先生の話を聞いてみてください。そして、そこで出てきた話や勉強法を、実践してもらいます！

STEP2（本冊）

理論編で攻略法を学ぶ

　次は、「理論編」です。実際に説明したやり方で、問題を解いてみましょう。ここで重要なのは、きちんと自分で考えてみることです。

　実際に自分でやってみて、自分なりの答えも出した上で、解説を読んでみてください。解説はかなりしっかりと書いているので、ここを熟読し、次の「実践編」に行けるようにしましょう！

『10日で攻略　ドラゴン英検®2級』は、本冊（解説編）と別冊（問題編）の2分冊です。以下の手順に沿って学習を進めてください。

STEP3（別冊）

別冊の問題を解く

理論編でしっかりと理解したら、次は別冊を開いて、「実践問題」を解いてみてください。実践問題は各DAYにつき、2題つけています。

実際に別冊に書き込みながら問題を解いていきましょう。

STEP4（本冊）

問題を解いたら、
解説で理解を深める

別冊の実践問題を解き終わったら、必ず本冊の解説を読んで理解を深めましょう。難しくても、しっかりと時間を取って、今日習ったことを自分のものにできるようにがんばりましょう！

リーディング
問題攻略

DAY 1

リーディング問題は4ステップで解こう！

リーディング問題の基本的な読解術を学ぶ日です！　課題文を読む前に見るべきポイントはいくつもあります。そのポイントから逆算して問題を解くことで、英検の問題で失点しなくなるようになります。4つのステップを意識して、問題を解いてみましょう！

DAY 2

リーディング問題は英文の3つの性質を知ろう！

リーディング問題できちんとポイントを押さえた読解をするためのテクニックを学び、実践する日です！　3つの問題を解くなかで、ほとんどの英文に共通する流れ・リズムを見抜く目を養って、高速で英検の問題を読解し問題を解けるようになりましょう！

DAY 3

4択の選択肢から中身を理解していこう！

リーディング問題の中で、選択肢の「消去の仕方」を学び、実践する日です！　課題文が読めても、選択肢を切ることができなければ答えは出ませんよね。ですから、選択肢を読んで、「どこが間違いのポイントになりそうか」を確認するテクニックを身につけられるようになりましょう！

DAY 01
リーディング問題は4ステップで解こう!

　英検において一番の得点源になり得る、リーディング問題。ここで点が取れるかどうかで全ては変わってきますが、与えられた英文を頭から読んでいくと、ドツボにハマってしまうかもしれません。4つのステップを意識して問題を解いていきましょう!

1

この問題文の質問と選択肢を読めば再生される英文の内容をおおむね想像できる

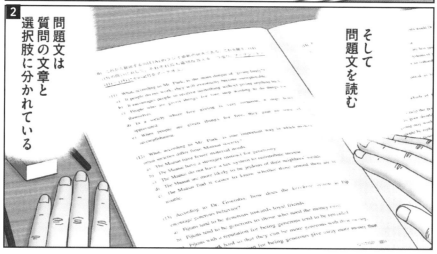

2

問題文は質問の文章と選択肢に分かれている

そして問題文を読む

リーディング問題の4ステップ！

STEP 1 まずはタイトルから類推しよう！

　英検のリーディングにおいて、「最初から課題の英文を読んでいく」というのは、うまく行かない原因です。まずはその文章のタイトルなどの周辺情報から、「この文章は何を伝えようとしているのか」を類推する必要があります。

STEP 2 問題を見て、どんな情報が必要かを整理！

　次は、問題文を読んでみましょう。英検において与えられている文章は長い場合が多いです。そして、その文章をすべて読んでいたら、リーディングテストは終わりません。ですから、しっかりと「何が聞かれるのか」を知り、スキップしていく感覚を持たなければならないのです。

STEP 3 選択肢を読んで、動詞を整理しよう

　問題文を読めたら、それぞれの選択肢を確認しましょう。といっても、全部をしっかりと読む必要はありません。なぜなら、選択肢が4つあるとしたら、そのうち3つは「正しくない」ことが書いてあるからです。間違った選択肢の記述に引きずられて課題文を誤読したら本末転倒なので、選択肢を読むときは、どんな候補があるのかをざっくり把握するくらいで大丈夫です。そしてその上で、選択肢を「ざっくり読む」コツは、動詞に注目することです。新聞を眺めてキーワードを拾うように、選択肢から動詞を見つけましょう。この際、「誰が」の主語や「何を」の目的語は無視してもいいです。

STEP 4 課題文を読んで答えを探そう！

　ここまで来てから、課題文を読んでいきましょう。ここまで読めていれば、大体「どこに注目して読めばいいのか」はわかるようになっているはずです。先ほどもお話ししているように、最初から課題の英文を読んでいったら終わらなくなってしまいます。設問で何が問われているか、選択肢にどんなものがあるかを確認してから課題文を読むことで、必要な情報だけを効率よく集めることができるのです。ぜひ実践してみましょう！

理論編 モデル問題

A   You are studying in the US, and as an afternoon activity you need to choose one of two performances to go and see. Your teacher gives you this handout.

STEP 1
タイトルから
類推

STEP 4
課題文を読んで
答えを出す

Performances for Friday

Palace Theater	Grand Theater
Together Wherever	*The Guitar Queen*
A romantic play that will make you laugh and cry	A rock musical featuring colorful costumes
▶ From 2:00 p.m. (no breaks and a running time of one hour and 45 minutes)	▶ Starts at 1:00 p.m. (three hours long including two 15-minute breaks)
▶ Actors available to talk in the lobby after the performance	▶ Opportunity to greet the cast in their costumes before the show starts
▶ No food or drinks available	▶ Light refreshments (snacks & drinks), original T-shirts, and other goods sold in the lobby
▶ Free T-shirts for five lucky people	

Instructions: Which performance would you like to attend? Fill in the form below and hand it in to your teacher today.

✂

STEP 3
選択肢から
動詞を整理

Choose (✔) one: *Together Wherever* ☐   *The Guitar Queen* ☐
Name:

問1 What are you told to do after reading the handout?

① Complete and hand in the bottom part.

② Find out more about the performances.

③ Talk to your teacher about your decision.

④ Write your name and explain your choice.

STEP 2
問題文を見て
情報を整理

問2   Which is true about both performances?

① No drinks can be purchased before the show.

② Some T-shirts will be given as gifts.

③ They will finish at the same time.

④ You can meet performers at the theaters.

STEP 1 まずはタイトルから類推しよう！

最初は、タイトルを見ましょう。

ここでは、「金曜のパフォーマンスについて」と書いていますね。何のパフォーマンスだろう？と見ていくと、どうやらこの表は、見に行く公演の候補について書いてあるようです。ということは、「見に行く公演の候補について」が書かれていると類推できます。

ここまで理解した上で問題に取り掛かるのと、事前情報なしに課題文に飛びつくのでは、同じ文章でも読みやすさが段違いです。まずは一呼吸置いて、課題文を読むための手がかりを集めましょう

STEP 2 問題を見て、どんな情報が必要かを整理！

次は問題文に目を通しましょう！

課題の表は見るからに文字が多く、たくさんの情報が載っています。しかし、英検においてそのすべてが問題になるわけではありません。

この大問で問われているのは、たったの2問です。極端なことを言えば、この2問に関わらない情報は全て読み飛ばしてしまってよいのです。

問1 What are you told to do (after reading the handout)?

前置詞afterの節をくくり出して読むと、「（プリントを読んだ後に）あなたは何をするよう言われているか？」と問われています。つまり、この問題に答えるためには、公演の内容について書いてあることに注目するのではなく、プリントを読んだ後はどうすればいいのかという指示の部分を探して読むことになります。

問2 Which is true about both performances?

これはつまり、「両方の公演について正しいことはどれか？」と問われています。注目すべきは"both performances"「両方の公演」、つまり候補の公演は2つあることがわかります。そして、その2つの公演に共通する特徴を探せばよいわけです。

問1　プリントを読んだ後はどうすればいいのか

問2　2つの公演に共通する特徴は何か

STEP 3 選択肢を読んで、動詞を整理しよう

　問1では「（プリントを読んだ後に）あなたは何をするよう言われているか？」が問われているので、行動が選択肢になっています。

① "Complete" and "hand in" the bottom part.「（下の部分を）完成させて、提出する。」

② "Find out" more about the performance.「（公演についてもっと）調べる、探し出す。」

③ "Talk" to your teacher about your decision.「（先生に自分の決定について）話す。」

④ "Write" your name and "explain" your choice.「（名前を）書いて、（選んだものを）説明する。」

　要するに、「提出するのか、探すのか、話すのか、説明するのか」がわかれば答えが出るわけですね。

　問2では「両方の公演について正しいことはどれか？」が問われています。

① No drinks can "be purchased" before the show.「（開演前に飲み物が）買えない」

② Some T-shirts will "be given" as gifts.「（Tシャツがプレゼントとして）もらえる」

③ They will "finish" at the same time.「（同じ時間に）終わる」

④ You can "meet" performers at the theaters.「（劇場で出演者に）会える」

　動詞は文章の方向性を大きく決定している場合が多いので、動詞さえ捉えてしまえば、文脈に合わせて残りの単語も読めるので、文の意味を捉えやすくなります。

STEP 4 課題文を読んで答えを探そう！

　さて、何が聞かれているか、選択肢にどんなものがあるかを把握した上で、ようやく本文に取り掛かりましょう。表を見ると、大きく四角の枠で囲われたものが2つ並んでおり、確かに2つの公演について説明してあるように見えます。

Performances for Friday「金曜日の公演」	
Palace Theater「パレス・シアター」 _Together Wherever_「どこでもいっしょ」	_Grand Theater_「グランド・シアター」 _The Guiter Queen_「ギターの女王」

　最初の2行が斜体（イタリック）になっているので、これは固有名詞で、おそらく会場の名前と公演のタイトルでしょう。設問で聞かれていない部分なので、読み飛ばして問題ありません。

　左側の公演の説明を読みます。

・A romantic play that will make you laugh and cry.「笑って泣けるロマンチックな劇」
・From 2:00 p.m. (no breaks and a running time of one hour and 45 minutes)「午後2時から（休憩なし、上演時間は1時間45分）」

　問2の選択肢に終了時刻の話があったことを思い出してください。午後2時から始まって休憩なしの1時間45分なので、午後3時45分に終わるんだなと確認しておきます。

・Actors available to talk in the lobby after the performance「劇が終わった後、ロビーで役者と話すことができる」
・No food or drinks available「食べ物、飲み物は提供されない」
・Free T-shirts for five lucky people「ラッキーな5名に無料Tシャツをプレゼント」

　問2の選択肢で見かけた単語がたくさん出てきました。飲み物は買えない、Tシャツは5名だけ、劇場で役者に会える、と情報を整理しながら読み進めます。続いて右の公演の説明へ。

A rock musical featuring colorful costumes「カラフルな衣装のロックミュージカル」
・Starts at 1:00 p.m. (three hours long including two 15-minute breaks)「午後1時開始（2度の15分休憩を含めて3時間）」

右の公演は午後1時から3時間なので、終了時刻は午後4時ですね。

・Opportunity to greet the cast in their costumes before the show starts
「開演前に衣装を着た出演者に挨拶をする機会がある」
・Light refreshments (snacks & drinks), original T-shirts, and other goods sold in the lobby.「軽食（スナックと飲み物）やオリジナルのTシャツなどのグッズがロビーで販売される」

先ほどと同様に、飲み物とTシャツはロビーで買える、出演者に挨拶できる、と公演の情報を集めます。2つの大枠の下にも、さらに文章が書いてあります。

Instructions : Which performance would you like to attend? Fill in the form below and hand it in to your teacher today.
「指示：どちらの公演に出席したいですか？　下の記入箇所を埋めて今日中に先生に提出してください。」

・Choose
・Name：

"Instruction"「指示」という単語を見て、問1を思い出せたでしょうか。プリントを読んだ後に何をするのか、書いてありそうですね。

問1「（プリントを読んだ後に）あなたは何をするよう言われているか？」
① "Complete" and "hand in" the bottom part.「（下の部分を）完成させて、提出する」
② "Find out" more about the performance.「（公演についてもっと）調べる、探し出す」
③ "Talk" to your teacher about your decision.「（先生に自分の決定について）話す」
④ "Write" your name and "explain" your choice.「（名前を）書いて、（選んだものを）説明する」
したがって、答えは①となります。

答え　　①

問2「両方の公演について正しいことはどれか？」

① No drinks can "be purchased" before the show.
「（開演前に飲み物が）買えない」

② Some T-shirts will "be given" as gifts.
「（Tシャツがプレゼントとして）もらえる」

③ They will "finish" at the same time.「（同じ時間に）終わる」

④ You can "meet" performers at the theaters.「（劇場で出演者に）会える」

　飲み物は、左の公演では買えませんが、右の公演では買えます。Tシャツは、左の公演では5名にプレゼントされますが、右の公演では売られています。

　終演時刻は、左の公演が午後3時45分、右の公演が午後4時で、異なります。出演者には、どちらの公演でも会うことができます。したがって、答えは④となります。

答え　　④

ドラゴン英検攻略法

「英語の文章が読めない」と感じたら、一度深呼吸して、英文から目を離してみるといい。焦っていると、文が頭に入ってこないことがある。一度、目を離してみると見えてくるものもあるかもしれない。焦らず、地道に行け！

問題　次の文を読んで、後の問に答えなさい。

Fertilizers

STEP 1
タイトルから
類推

Using fertilizers is an issue that the world must deal with. Fertilizers are chemicals that are added to make plants grow better. They can be given directly to the plant, or put in the ground around the plant. It is important to point out that there are natural fertilizers, like animal dung and vegetables. However, most farming today uses chemical fertilizers, and many people argue that these can be harmful to humans and the environment.

For example, because chemical fertilizers are often placed in the ground, those chemicals can travel into the water. This means that people's drinking water can be affected. It also means that the fish and animals living in lakes and rivers can be harmed. There is also some proof that chemical fertilizers change the soil as well, harming the growth of future plants.

On the other hand, chemical fertilizers are easy, cheap and effective. They are made to have quick results and can be used at any time. In places where it is difficult to grow food, fertilizers are very useful. Additionally, as the world's population increases, growing food cheaply and quickly will be more and more necessary. In fact, to supply enough food globally in 2050, the world's farmers will have to grow about 70% more than what is produced currently. Should the focus be on possible side-effects to the environment or more on being able to feed society?

STEP 2
問題文を見て
情報を整理

STEP 4
課題文を読んで
答えを探す

問1　What is the passage mainly about?
① The pros and cons of fertilizers.
② The history of fertilizers.
③ The science of fertilizers.
④ The future of fertilizers.

問2　In paragraph 2, the following are reasons why chemical fertilizers are bad EXCEPT?
① They can harm humans through the drinking water.
② They can harm fish and animals in lakes and rivers.
③ They make plants smaller and the food taste worse.
④ They harm the soil so it is harder to grow in the future.

STEP 3
選択肢から
動詞を整理

問3　According to paragraph 3, why might using fertilizers be necessary?
① The population is increasing.
② The population is decreasing.
③ Plants and animals are increasing.
④ Plants and animals are decreasing.

STEP 1 まずはタイトルから類推しよう！

まずはタイトルです。「Fertilizers」となっています。これは「肥料」という意味ですね。肥料にもいろいろありますが、なんの肥料の話でしょうか？

第1段落の2文目を読んでみると、「Fertilizers are chemicals that are added to make plants grow better.」と書いてあって、「植物をよりよく育てること」と書いているのがわかります。ということは、植物に関する肥料について触れられているみたいですね。

STEP 2 問題を見て、どんな情報が必要かを整理！

次は、問題文です。問1は「What is the passage mainly about?」＝「この文がメインで言いたいこと」となります。そして今回、実は問2と問3を見ると、問1の答えがわかります。

問2 why chemical fertilizers are bad
＝「なぜ肥料は悪いのか？」

問3 why might using fertilizers be necessary?
＝「なぜ肥料は必要不可欠かもしれないのか？」

となっているので、問2の問題文では「肥料には悪い部分がある」ということがわかります。その上で、問3の問題文からは「肥料を使わなければならない」という事情があることがわかります。先に言ってしまうと、問1の選択肢①は「The pros and cons of fertilizers.（肥料の賛否）」であり、これは問2と問3の中身から類推することができます。ということで、答えはこれになります。

STEP 3 選択肢を読んで、動詞を整理しよう

　問題文を読めたら、それぞれの選択肢を確認しましょう。問1と問3はbe動詞なのでスルーして問2を確認すると、

① They can harm humans through the drinking water.

② They can harm fish and animals in lakes and rivers.

③ They make plants smaller and the food taste worse.

④ They harm the soil so it is harder to grow in the future.

となっております。「harm」=「害する」と「make」ですね。makeは、「作る」ではなく、5文型の使い方で「plants」を「smaller」にして、「the food」を「taste worse」にする、という意味になります。つまり、植物がより小さく、食べ物の味を悪くするという意味ですね。

　つまり、肥料が「何を」悪くしているのかがわかればいいわけですね。

問3も一応触れておくと、「increase」と「decrease」となっています。増えているのか、減っているのか、が問われているわけですね。

STEP 4 課題文を読んで答えを探そう!

問1は前ページで述べた理由から選択肢①が正解ですね。

Using fertilizers is an issue that the world must deal with.

=「（化学）肥料の使用は世界が取り組まなければならない問題である」

と述べられていて、第2段落では肥料がもたらす悪影響について、第3段落では On the other hand, =「それに対し、」から始まり、肥料がどのように役に立っているかを説明しています。ということで、ここから、この文章の主題は（化学）肥料の長所と短所についてだとわかります。ですからやっぱり①が正解ですね。

> 答え　　①

問2を見てみましょう。

For example, because chemical fertilizers are often placed in the ground, those chemicals can travel into the water. This means that people's drinking water can be affected.

=「例えば、化学肥料は土の中に入れられることが多いため、こういった肥

料は（土にしみこんでいき）水にたどり着く可能性がある。これは人間の飲み水が影響されうることを意味する。」

と書いていますね。ということは、選択肢①は本文の内容に合致するので不正解ですね。

また、

It also means that the fish and animals living in lakes and rivers can be harmed.

＝「これは湖や川に住む魚や動物が被害を受けることも意味する。」

とあり、選択肢②も本文の内容に合致し不正解になります。

最後に、

There is also some proof that chemical fertilizers change the soil as well, harming the growth of future plants.

＝「化学肥料が土壌も変えてしまい、今後育てられる植物の成長に害を及ぼすという立証もある。」

　とあり、選択肢④も本文の内容に合致し不正解。ということで、選択肢③の「化学肥料によって植物が小さくなり、味が落ちる」は本文中で述べられていないのがわかるので正解になります。

答え　　③

そして問3は、

"Additionally, as the world's population increases, growing food cheaply and quickly will be more and more necessary."

＝「その上、世界人口が増加するにしたがって、安く速く食糧を生産することはよりいっそう必要になるだろう」

と書いていることから、肥料が必要とされるのは、人口が増加しているから、だとわかります。ということで、選択肢①が正解ですね。

答え　　①

問題　次の文を読んで、後の問に答えなさい。

Christmas Day

It is easy to forget that Christmas was originally about the birth of Jesus Christ. In the 2,000 years since Christ was born, this holiday has changed and spread around the world. Today, Christmas is a national holiday in almost every country. Each of these places has its own traditions for the day. In Mexico, families make large paper characters filled with candy that children hit with sticks until the sweets fall out. In Spain, children leave their shoes in the window filled with food for horses. Even in countries with few Christians, the day has special sales and other events. In Japan, for example, young people go out with their friends and give each other presents. Christmas today is more than a religious holiday; it is a cultural event for the entire globe.

No one knows when Jesus Christ was actually born, but most historians agree it was around 5 B.C. For many years, the Christian church did not have a single date for Christmas. By the 4th century, the Catholic Church had decided on December 25 and began to celebrate the holiday every year. In Eastern Europe, most churches had Christmas on January 6, a tradition which continues today. It is not clear why these dates were chosen. Many cultures have major holidays around this time, possibly because there is less work to do in the winter and people had more free time. December 25 may have been chosen because it was the winter solstice, the shortest day of the year.

For most of its history, Christmas was a day to go to church. It was about faith in God and the church, not lights, gifts, and shopping. These traditions emerged later. We know that in the 15th century, it was common to hang green leaves on buildings and homes during the Christmas season. By the 17th century, Christmas in England included eating, dancing, singing, and playing games. The Christmas tree was not introduced until the 18th century. One of the most recent additions to Christmas was Santa Claus, the large man with red clothes and a white beard who delivers gifts to all the good girls and boys. He is based on an older tradition from northern Europe, but the modern image of Santa Claus was created in the United States in the 19th century.

All of these new traditions have changed the meaning of Christmas, which is now a holiday about family, food, and gifts as much as religion. In the United States, families that don't go to church often still have a Christmas tree with lights and gifts. Always changing, Christmas has found a way to fit into every country and culture on earth, from the birth of Christ to the beginning of the 21st century.

問1　What does the author say about the date of the Christmas holiday?

① It is on the day that Jesus Christ was actually born.

② The date of Christmas has changed many times.

③ December 25 was also the shortest day of the year.

④ In Africa, most churches have Christmas in January.

STEP 2
問題文を見て
情報を整理

問2　When was the Christmas tree tradition first introduced?

① The 4th century.

② The 15th century.

③ The 18th century.

④ The 19th century.

問3　What does the passage imply about the development of Christmas?

① Most modern Christmas traditions developed between 1400-1800.

② It has not developed any new traditions since the 17th century.

③ Most Christmas traditions developed before the year 1000.

④ Christmas will not continue to change and develop in the future.

STEP 3
選択肢から
動詞を整理

STEP 1 まずはタイトルから類推しよう！

　まずはタイトルです。「Christmas Day」となっています。これは普通に「クリスマス」という意味ですね。でも、クリスマスの何について触れられているのでしょうか？

　ざっと文章を見てみると、第2段落の3行目にBy the 4th century, the Catholic Church had decided on December 25 and began to celebrate the holiday every year.なんて書いてあって、クリスマスの歴史について触れられていることがわかります。クリスマスの歴史についてが書かれていることは想像できますね。

STEP2 問題を見て、どんな情報が必要かを整理！

次は、問題文です。問1は「the date of the Christmas holiday」＝「クリスマス休みの日付」となりますので、日付についてが触れられているみたいですね。類推した結果として「歴史的な流れ」ではないかと考えられましたから、きっとクリスマスが今の日付になったのはどういう背景なのかが本文で書かれているはずです。

問2は「Christmas tree tradition first introduced」＝「クリスマスツリーの最初の導入」となっているので、クリスマスツリーがいつから使われているのかが本文に書いていることがわかります。

問3は「development of Christmas」＝「クリスマスの発展について」と書いていますね。ということは、クリスマスがどのように発展してきたかについて歴史的な流れが本文にあることがわかります。さっきのタイトルからの中身の類推がうまくいけば、何が聞かれるのかもわかるようになるはずです。

STEP3 選択肢を読んで、動詞を整理しよう

問題文を読めたら、それぞれの選択肢を確認しましょう。問1と問2はスルーして問3を確認すると、

① Most modern Christmas traditions developed between 1400-1800.

② It has not developed any new traditions since the 17th century.

③ Most Christmas traditions developed before the year 1000.

④ Christmas will not continue to change and develop in the future.

ということで、「developed」や「continue」と書いていますね。「develope」は「発展する」という意味で、問題文でも使われています。15世紀から19世紀なのか、17世期なのか、西暦1000年より前なのか、といった違いが書かれています。きっとどの時期から発展しているのかが書いているはずです。

さらに、「continue」＝「続く」はヒントになります。クリスマスの歴史について触れているので、過去からどのように発展していって、どの部分が変わらずに続いていくのかについて触れられているのではないかということがわかります。こういうポイントに目を配っていると、問題が解きやすくなります。

STEP4 課題文を読んで答えを探そう!

では実際に問題を見てみましょう。

問1 第2段落最終文に「December 25 may have been chosen because it was the winter solstice, the shortest day of the year.」とあり、12月25日は冬至であったことが理由と考えられると述べている。なので、選択肢③の「December 25 was also the shortest day of the year.」が正解ではないかと考えることができますね。第2段落冒頭に「No one knows when Jesus Christ was actually born, but most historians agree it was around 5 B.C.」とあることから、誰もイエス・キリストが実際に誕生した日を知らないことがわかるので他の選択肢は、切ることができます。正解は③です。

答え ③

問2 第3段落第6文には、"The Christmas tree was not introduced until the 18th century." = 「クリスマス・ツリーは18世紀になるまで取り入れられなかった」と書いていますね。つまり、クリスマス・ツリーを飾る慣習は18世紀になってからだとわかります。また、他の選択肢を見ると、4世紀以前はカトリック教会が12月25日をクリスマスと定めた時期と書いてあり、選択肢①は違うとわかります。他のものも当てはまらないので、正解は選択肢③だとわかります。

答え ③

問3 第3段落冒頭に「For most of its history, Christmas was a day to go to church. It was about faith in God and the church, not lights, gifts, and shopping. These traditions emerged later.」とあることから、電飾・贈り物・ショッピングといった慣習はもとからあったものではないことがわかるので、この時点で「続く」ではないですね。さらにこの後に新しい慣習が紹介されており、現在のクリスマスの慣習は15世紀から19世紀にかけて生まれたことがわかるはずです。ということは、正解は選択肢①ですね。

答え ①

リーディング問題は英文の3つの性質を知ろう！

　英検の文章問題は、全部読んでいる時間はありません。とにかく時間との戦いで、「要するにこういう問題なんだろう」というのがわからない状態だと問題を解くのが難しくなってしまいます。そこで重要なのは、「その文章が全体でどういう内容なのか」を大雑把に理解することです。こちらのマンガをご覧ください。

2日目　リーディング問題は英文の3つの性質を知ろう！

英文の性質を理解しよう!

このマンガの通り、「文章全体のテーマを掴みながら」問題を解いていくことはとても重要です。最後に書かれていた「英文の性質」が理解できれば、この流れについては大体わかると思います。

性質1 最初に「よくある話」をする

英語において最初の段落で「always」とか「most of us」とか「tend to」とか「usually」とか、そんなふうに「私たちはいつもこうしがちだ」という文章が出てくる場合って結構多いです。それらは、「こんなことって、よくありますよね? みなさんも経験ありますよね?」っていうような内容が書かれています。まずはここの部分を探しましょう。

性質2 第2段落で「よくある話」を否定する

次は、今出てきた内容の否定です。みなさんは、テレビでショッピング番組を見たことはありますか? あれの冒頭を思い出してください。「みなさん、こういうのでお困りですよね」と言ってスタートする場合が多いですよね。「お子さんが全然勉強しないってお困りの人、多いですよね」とか、「掃除機の音がうるさくて困るって人、多いですよね」とか。そして、その後で、「でもこの本を読めば大丈夫!」とか「でも、この掃除機さえあれば大丈夫!」みたいな流れになっていきます。「みなさん、○○ですよね」は、全部「前振り」なんです。その後に続く文章のちょっとした前振りになっていることが多いんですよね。

なぜ「私たちはいつもこうしがちだ」という文章が出てくるのかというと、そのあとで「でもそれって間違っているんですよ!」とか「それって実はこうだからなんです!」と説明を加えるためです。ですから、性質1で出てきた内容を否定するんですね。

性質3 第3段落以降は伝えたい説明の具体的な内容・例示

そのあとは、それを説明するための文章や具体例が来やすいです。「for example」とか「for instance」とかですね。そのほかにも、「therefore」＝「つまり」とか「in short」＝「要するに」とか、そういう言葉が来ます。

STEP 1
「よくある話」を
見つける

Bad luck always seems to strike at the worst possible moment. A man about to interview for his dream job gets stuck in traffic. A law student taking her final exam wakes up with a blinding headache. A runner twists his ankle minutes before a big race. Perfect examples of cruel fate.

Or are they? Psychologists who study unfortunate incidents like these now believe that in many instances, they may be carefully arranged schemes of the subconscious mind. People often engage in a form of self-defeating behaviour known as self-handicapping — or, in simple terms, excuse-making. It's a simple process: by taking on a heavy handicap, a person makes it more likely that he or she will fail at an endeavor. Though it seems like a crazy thing to do, it is actually a clever trick of the mind, one that sets up a difficult situation which allows a person to save face when he or she does fail.

STEP 2
「よくある話」の
否定を探す

A classic self-handicapper was the French chess champion Deschapelles, who lived during the 18th century. Deschapelles was a distinguished player who quickly became champion of his region. But when competition grew tougher, he adopted a new condition for all matches: he would compete only if his opponent would accept a certain advantage, increasing the chances that Deschapelles would lose. If he did lose, he could blame it on the other player's advantage and no one would know the true limits of his ability; but if he won against such odds, he would be all the more respected for his amazing talents.

STEP 3
「よくある話」の
否定の具体的
説明を探す

Not surprisingly, the people most likely to become habitual excuses-makers are those too eager for success. Such people are so afraid of being labeled a failure at anything that they constantly develop one handicap or another in order to explain away failure. True, self-handicapping can be an effective way of coping with anxiety for success now and then, but, as researchers say, it makes you lose in the end. Over the long run, excuse-makers fail to live up to their true potential and lose the status they care so much about. And despite their protests to the contrary, they have only themselves to blame.

問題　以下の中で、セルフハンディキャッピングの説明として正しいものを答えよ。

① Excuses-makers constantly develop one handicap or another in order to explain away failure.

② Author thinks that excuses-makers are good idea.

③ Deschapelles doesn't make an excuse.

④ Author thinks there are a cruel fate.

STEP 4
選択肢の
答えを探す

（1994年　東大英語 第1問）

34

さて、先ほど説明したのは３つの性質があるということでした。

性質1 最初に「よくある話」をする
性質2 第２段落で「よくある話」を否定する
性質3 第３段落以降は伝えたい説明の具体的な内容・例示

この３つを意識して文章を読解していくことで、文章が早く読めるようになります。なので、以下の４つのステップで考えていきましょう！

STEP 1 「よくある話」を見つけ出そう！

STEP 2 「よくある話」の否定を探そう！

STEP 3 「よくある話」の否定の、具体的説明を探そう！

STEP 4 ここまでを踏まえて、選択肢の答えを探そう！

ドラゴン英検攻略法

日本語の文章と同様に、英語でも著者の「言いたいこと」がある。それをきちんと把握するためには、この「否定」を探す読み方が必要になってくる。

2日目 リーディング問題は英文の3つの性質を知ろう！

STEP 1 「よくある話」を見つけ出そう！

　この文章を見て、注目するべきは、「always」です。「いつも」という意味ですね。

「Bad luck always seems to strike at the worst possible moment.」

　これを訳すと、「不運ってやつは、最悪のタイミングでやってきますよね」となります。つまりこの文におけるよくある話は、「不運ってやつは、最悪のタイミングでやってきますよね」になるはずです。

　まずはこの文があって、この段落の次の文は全部、その例です。

「夢だった仕事の面接を前にして渋滞につかまる」

「最終試験を受ける法学部の学生が目覚めると、めまいがするような頭痛に襲われる。」

「陸上選手が大きなレースの前に足をくじく」

　そしてその最後には、「運命ってやつはすごく残酷ですね」と書いています。

STEP 2 「よくある話」の否定を探そう！

　さて、「Bad luck always seems to strike at the worst possible moment.」と書いてあった上で、次の段落ではそれが否定されるはずです。この後、「実はそれは間違いなんです！」とか「そう感じる人が多いのは、こういう理由なんです！」という文章が来るに違いないのです。

　「不運が最悪のタイミングで来ますよね」の逆なので、「不運が最悪のタイミングで来るっていうのは、実は間違いなんです！」「不運が最悪のタイミングで来るように感じるのは、実はこういう理由なんです！」という流れが来るのではないかと考えられます。そういう目線で、次の文を読みましょう。

　「Or are they?」

「しかし、本当にそうだろうか？」ですね。やっぱりこのように、「不運が最悪のタイミングで来るのは間違いだ」ということが書いてあります。

　ちなみに、ここで使われているのは「？」でした。このように、最初の「よくある話」を否定する内容というのが使われるタイミングでは、大抵、「？」という疑問符や、「逆説の接続詞」です。「but」とか「however」とか「yet」ですね。

そのほかにも、「in fact」＝「実は」と表現する場合もあります。そしてそこで出てきた新しい概念を、読み手に対してどんどん説明していくことになります。さらに、第2段落では、なぜ著者がそう考えているのかについて触れられています。

「People often engage in a form of self-defeating behaviour known as self-handicapping — or, in simple terms, excuse-making.」
「人々はセルフハンディキャップとして知られている、自分を損なうような行動にでるのである。簡単に言えば、言い訳作りである」

となっています。つまりは、不運は最悪のタイミングで来るのではなく、自分で損をするような行動を取っているのではないか？という話ですね。この話をするために、最初の段落で「こういう人って多いですよね」というトークをしているのだと考えられます。

STEP 3 「よくある話」の否定の、具体的説明を探そう!

次の第3段落以降では、「不運が最悪のタイミングで来るのは間違いだ」と筆者が考えている具体的説明がされているはずです。きっと「不運が最悪のタイミングで来たと思われていたけれど、そうではなかった」という例が出てくるはずですね。そう思って最初の1行目を見ましょう。

A classic self-handicapper was the French chess champion Deschapelles, who lived during the 18th century.
「古典的なセルフハンディキャップをした人は、18世紀を生きた、フランス人のチェスチャンピオンのデシャペルである。」

ですね。ということはやっぱり、セルフハンディキャップについての具体的な例を説明しようとしていることがわかります。また、次の段落を見てみましょう。こちらもセルフハンディキャップの具体例や説明になっているはずです。

Not surprisingly, the people most likely to become habitual excuses-makers are those too eager for success.

「驚くべきことではないが、言い訳作りの常習者に最もなりやすいのは、成功に貪欲な人々である。」

ですね。やっぱり、「self-handicapping」「excuses-makers」についての具体的な説明が書いてあるとわかります。

　そして最後には、こう締めくくられます。

Over the long run, excuse-makers fail to live up to their true potential and lose the status they care so much about.

「『言い訳作り』の常習者は、自分の潜在能力を限界まで引き出して生きることができず、異常にこだわっていた地位を失ってしまうのである」

　つまりは、「言い訳作り」に対しては否定的な感想を持っているわけですね。

　ではここまで来たら、問題を解いてみましょう。

STEP4 ここまでを踏まえて、選択肢の答えを探そう！

問題　以下の中で、セルフハンディキャッピングの説明として正しいものを答えよ。

① Excuses-makers constantly develop one handicap or another in order to explain away failure.

　「言いわけ作りをする人は、失敗の言い訳のために、常に次々と障害を作り上げるのである」

② Author thinks that excuses-makers are good idea.

　「著者は言い訳作りはいい考えだと思っている」

③ Deschapelles doesn't make an excuse.

　「デスシャペルは言い訳作りをしていない」

④ Author thinks there are a cruel fate.

　「著者は残酷な運命は存在すると思っている」

ここまでの流れが理解できればおそらく簡単ですね。

まず、すぐに否定できるのは④番の「著者は残酷な運命は存在すると思っている」ですね。最初の段落だけを読めばそうなりますが、でも流れを理解していれば、流石にそれは間違いだとわかると思います。だってそれは、STEP 2であった通り、「よくある話」の否定でしたもんね。

③番も間違いだとわかりますね。STEP 3で、デスシャペルさんの話は「言い訳作りの例」として使われていることはわかりますもんね。

②番は「いいことだと評価している」ですね。確かに途中で「賢い選択だ」という話をしていましたが、しかし全体の流れとしては、最後に「言い訳作りをする人は、長期的には失敗する」ということが書いてあります。いろんな説明がありましたが、最終的には著者は否定的に捉えているわけですね。ですので、②番は間違いになります。

ということで、正解は①番になります。今までの流れと同じですもんね。

いかがでしょうか？　流れを理解することができれば、問題が解けることがわかると思います。この調子で問題を解いてみましょう！

答え　①

ドラゴン英検攻略法

ここまで文章の流れを掴む読み方をした上で文章を読んだほうが、確かに問題が解きやすくなるし、全部を読まなくてもわかる！

実践編 リーディング問題3

別冊 12〜13ページ

In Japanese television programs, we see a commentator at one side of the small screen and an assistant at the other. The commentator is usually male and middle-aged. The assistant is usually female, young and often pretty. He comments on various topics, and she assists. However, she assists so little that, to our eyes, she might as well not be there at all. She only nods at the camera when he makes his various statements, and says *So desu ne* when he makes an important point. She never presents an idea of her own. To many Americans watching these two, the situation might seem quite strange indeed. We are certainly used to double commentators, but usually each commentator really comments and both are equals. In this common style of Japanese television, the pretty girl seems absolutely unnecessary. We fail to understand her role. Yet she has a very important one.

STEP 1
「よくある話」を
見つける

A commentator is, by definition, giving his opinion. In the West this is quite enough. In Japan, however, to give an opinion in public is to appear too self-centered, and this is a fault in a society where unity of opinion is an important value. The attractive, nearly silent, young assistant emphasizes this value. Her nods and expressions of agreement indicate that he is not alone in his opinion and that therefore he is not merely self-centered. Rather, he is stating a truth, since at least one person agrees with what he says. At the same time she introduces harmony by indicating that we all agree — after all, it is to us that she is nodding — and the desired unity of opinion has already been reached.

STEP 2
「よくある話」の
否定を探す

STEP 3
「よくある話」の
否定の具体的
説明を探す

問題　文章に書かれていた内容と合致するものを1つ選んでください。

① Author thinks that the assistant play an important role.

② The assistant told a lot of opinion.

③ Americans don`t think that the assistant unnecessary.

④ In Japan, giving an opinion in public is popular.

STEP 4
選択肢の
答えを探す

(2000年　東大英語 第1問)

STEP 1 「よくある話」を見つけ出そう！

まずは「よくある話」を見つけましょう。どんな言葉があると、「よくある話」だったのか覚えていますか？ 「always/ usually/most of us/we/ tend to」などがある部分を確認しましょう。

The commentator is usually male and middle-aged.

The assistant is usually female, young and often pretty.

「コメンテーターは普通、中年の男性で、アシスタントは普通、若い女性で可愛らしい人である場合が多い」

ですね。ということは、テレビ番組についての「よくある話」なわけですね。

さて、他にも「多くの人が」系の文が「よくある話」になるということもお話ししましたので、「many」とかを探してみましょう。するとこんな文を見つけました。

To many Americans watching these two, the situation might seem quite strange indeed.

「この2人を観る多くのアメリカ人にとって、このような2人のやり取りはかなり奇妙に感じられる。」

とあります。先ほどの「テレビ番組について」の文と総合すると、この「日本の番組の2人体制」が、「よくある話」なわけですね。しかも、「多くの人がかなり奇妙に感じている」と書いているということを否定しているということは、「多くの人は奇妙に感じるかもしれないが、実はそうではないんだ」という流れになるんだと考えることができます。「多くの人は、日本の番組の2人体制について、奇妙に感じるかもしれないが、実はそうではない」と続く可能性が高いわけです。ここまではわかりましたかね？そう思って、次のステップに行ってみましょう。

> 答え 多くの人は、日本の番組の2人体制について、奇妙に感じるかもしれない（が、実はそうではない）

STEP2 「よくある話」の否定を探そう！

さて、次は「よくある話」の否定を探します。否定ということは、「however」「yet」などの文があるところを探せばいいわけです。

まず、第1段落の最後にこんなことが書いています。

Yet she has a very important one.「しかし、彼女には重要な役割がある。」

やはり、「多くの人は、日本の番組の2人体制について、奇妙に感じるかもしれないが、実はそうではない」と来るわけですね。それも、2人体制のうち、「女性の方の役割」に対して意見があるみたいです。

そしてもう1つ、否定文があります。

In Japan, however, to give an opinion in public is to appear too self-centered, and this is a fault in a society where unity of opinion is an important value.

「日本では公共の場で意見を述べる事は自己中心的な事であり、意見の一致が重要視される社会において、それは間違った事なのである」

とあります。これだけだと、何について触れているのかわからないので、前の文をみましょう。

In the West this is quite enough.「欧米ではこれで十分」

とありますから、つまりは、「欧米だったらこの女性に役割はないが、日本だったら役割があるんだ」ということについて触れていると考えられます。欧米、と書いていますが、これは先程の文を踏まえるとアメリカ人などだと考えられますね。これで流れが理解できました。「日本の番組の2人体制に対して、奇妙に思うアメリカ人は多いが、実際には日本においては役割がある」となります。

> **答え** 日本の番組の2人体制に対して、奇妙に思うアメリカ人は多いが、実際には日本においては役割がある。

STEP3 「よくある話」の否定の、具体的説明を探そう！

さて、次に来るのは「よくある話」の否定の具体的な説明です。そう思っ

て探していくと、次にはこんな風に書いています。

「Her nods and expressions of agreement indicate that he is not alone in his opinion and that therefore he is not merely self-centered.」

「彼女が頷き同意を示す事で、男性の意見が単独のものでないことがわかり、同時に彼が単に自己中心的なのではない、と示唆しているのだ。」

これは、先程の「日本の番組の2人体制の役割」についての文だとわかりますよね。ということでまとめると、「男性が自己中心的でないことを知らせるために、彼女は必要である」となります。

> 答え　男性が自己中心的でないことを知らせるために、彼女は必要である

では、選択肢を見てみましょう。

STEP4　ここまでを踏まえて、選択肢の答えを探そう!

問題　文章に書かれていた内容と合致するものを1つ選んでください。

① Author thinks that the assistant play an important role.
「アシスタントは大きな役割を果たしていると考えている」

② The assistant told a lot of opinions.
「アシスタントは多くの意見を言った」

③ Americans don`t think that the assistant unnecessary.
「アメリカ人は、アシスタントを必要ないとは思わない」

④ In Japan, giving an opinion in public is popular.
「日本では、意見を公共の場で言うことは普通のことだ」

となります。②と③は、おかしいとわかりますよね。STEP1で言った通り「アシスタントが意見を言わない」から「必要ない」と思ったわけですよね。と言うことは、②と③は違います。そして、STEP2で「日本では公共の場で意見を言わない」ということなので、④も間違いです。正解は、①ですね。ここまで流れを追えば簡単なはずです。

> 答え　①

実践編 リーディング問題4

別冊
14〜15ページ

What is the best way to protect the environment? Basically, there are two groups who give two different answers to this question. The answers they give depend on how they think the worth of nature can be determined. One group insists that the value of an untouched rain-forest, for example, or of an unpolluted river, simply cannot be calculated in terms of money. Such things, they therefore argue, must be protected from any industrial or economic use. Thus, they think the best way of saving the environment is to pass strong laws against pollution and the unwise use of nature.

STEP 1
よくある話を
見つける

The other group, however, says that it is better to rely upon market forces to achieve the same goal. They believe that it is possible to calculate how much the environment is worth; for example, according to their figures, pollution costs Europe five percent of its GNP. They think that this cost should be paid by those who cause the pollution. In other words, companies should be taxed according to how much pollution they cause, so that they will be encouraged to use cleaner technologies and make cleaner products. If they don't do this, they will go out of business, because if polluting products cost more, people will buy fewer of them. Pollution taxes of this kind would send a signal to industrialists and consumers that pollution does not make economic sense, while the prevention of pollution does.

STEP 3
「よくある話」の
否定の具体的
説明を探す

STEP 2
「よくある話」の
否定を探す

STEP 4
答えを探す

問題　文章に書かれていた内容と合致するものを１つ選んでください。

① A lot people think that company should be taxed according to how much pollution they cause.

② Pollution taxes must lead to protect the environment.

③ Pollution and market force are incompatible.

(1998年　東大英語 第1問)

STEP 1 「よくある話」を見つけ出そう！

第1段落の「よくある話」はなんでしょうか。実はこの文章には"always/usually/most of/we/tend to"などが使われていません。ちょっとだけ応用編になりますが、今回は"they"をキャッチしましょう。第1段落の終わりに
Thus, they think the best way of saving the environment is to pass strong laws against pollution and the unwise use of nature.

とありますね。このtheyには、「このように考えている彼らは大体いつも〜」というニュアンスが含まれています。ここに「よくある話」が見つけられますね。今回の「よくある話」は「自然には無限の価値があると考える人たちがいる」でした。

注意しなくてはいけないのは、筆者は必ずしもそう考えているとは限らないことです。今回の場合は「○○な人もいて、××な人もいる」となっています。そして、筆者がどちらのグループに属するかは文中では明かされていません。この後に明かされるのかもしれませんし、筆者は観察者としてつかず離れずの位置をキープし続けるのかもしれません。

> **答え**　多くの人は、自然には無限の価値があり、環境問題への対応を、強力な法的規制によって行うべきだと考えている。

STEP 2 「よくある話」の否定を探そう！

第1段落の否定になる内容を探してみましょう。第1段落では「自然には無限の価値があると考える人たちがいる」と言われていました。その否定となれば、「自然には有限の価値しかないと考える人たちがいる」と来そうです。今回は第2段落の頭に"however"が使われているので、大変わかりやすかったですね。第1文の
The other group, however, says that it is better to rely upon market forces to achieve the same goal.
を読んでみると、「しかし、もう一方のグループは同様の目的を達成するために、市場の力に頼る方が良いと主張する」と書いてあります。やっぱり自

然に価値をつけてきました。これが否定でしょう。

> 答え　しかし、自然保護のためには市場の力を
> 頼る方がいいと考えている人たちがい
> る。

STEP 3 「よくある話」の否定の、具体的説明を探そう!

では、これの具体的な説明を見てみましょう。

その次の文に "for example" と出てくるので、これも大変わかりやすい。

They believe that it is possible to calculate how much the environment is worth ; for example, according to their figures, pollution costs Europe five percent of its GNP.

とありますね。前半部分は「自然の価値を計算できると考えている」だけですが、後半の "for example" 以降は、「彼らの数字によれば、ヨーロッパでは公害がGNPの5%を占めている」となっています。これが具体的な例でしょう。

> 答え　ヨーロッパでは公害が GNP の 5 % を占
> めている。

STEP 4 ここまでを踏まえて、選択肢の答えを探そう!

ということで、それぞれの選択肢を検討していきましょう。

①番は「多くの人々は、企業がどれだけ公害を引き起こしたかによって課税されるべきだと考えている」。②番は「公害税は環境保護につながるものでないといけない」。③番は「公害と市場原理は相容れない」。

文字で見るだけだと②番が正解のように見えますが、これは不正解です。もともとあったグループは「自然には無限の価値があると考える人々」と「自然の価値は計算できると考える人々」の2つでした。そして、前者は無制限に自然の保護を訴え、後者は計算によって算出された数値から環境汚染の経済的損失量が見極められると考えていました。そして、汚染を引き起こした企業は、やはり計算によって導かれる損失量だけ税金を払うべきだと考えていました。それによって、企業はなるべく汚染の少ない製品を開発しようと

考えるようになるからです。

　そのため、答えは①番です。"A lot of people"から始まるので、多くの人々だと考えたかもしれませんが、このあたりの基準はかなりあいまいです。例えば、100人集まったら「多い」と感じる人がいるかもしれませんし、10000人集まっても「少ない」と感じる人もいるかもしれません。これは主観による判断なので、絶対的な評価基準が存在しないのです。あくまで本文では2つのグループがあるとしか指摘していません。ですからこれが多いかどうかはわかりません。とはいえ、グループを形成できる程度の人数は集まっていると考えていいでしょう。となれば、「多くの人々が〜」と言っても、差し支えないのではないでしょうか（ここで、「そんなことない」と思わないでください。大事なのはあなたの主観ではなく、問題作成者がどう考えているか、です）。

　ですから、答えは①番となります。

答え	①

ドラゴン英検攻略法

流れを意識していると、英検の文章の型を自分の中にインストールすることができる。ここで勉強したステップで文章をしっかりとよく読むことで、どんどんリーディング問題を読むスピードが速くなるぞ！

4択の選択肢から
中身を理解していこう!

　文章を理解する方法がわかった後は、4択問題の選択肢から、文章の中身を理解していくための方法をお伝えしていきたいと思います。英検においては、300〜500文字程度の英語の文章に、4択の問題が3つほどついています。このとき、4択問題の英文を読んで、その中身を類推することができれば、かなり問題が解きやすくなっていきます。

1
4択問題を解く時に一番やってはいけない解き方は「どれが合っているんだろう」と思って解こうとすること

2
「合っている」というアプローチでいくとダミーとして差し込まれた間違いに気づかない

3
そうなると迷ってしまうどれが正解か混乱して答えを見つけられなくなってしまう

4

わかる……

全部正解に思えてくるのよね

5

選択肢の一つ一つに間違いが潜んでいると疑って読むといいの

6

前に話したでしょ問題の仕掛けを見破るコツはアクシデントに気をつけろ

会話の中に必ず聞き間違いなどのアクシデントが入っていると

Woman: This ~~~ee is too ~~~
Man: Really ~~~ m~~~
Woman: ~~~ ~~~ time.
Man: No, i~~~
Woman: ~~~ I d~~~ld the p~~~
Man: Hmm~~~ I don't know
I did what ~~~u t~~~ld me to do~~~
Woman: What exactly did y~~~
~~~ 40 grams of coffee for each cu~~~

7

このアクシデントが生み出した間違いに注意してそれぞれの選択肢を読んでみる

つまり正解以外の選択肢には必ずアヒルのふりをした白鳥がいるその視点で見ると迷わされずに済む

選択肢の間違いのポイントを探そう！

マンガのコマにもあったように、選択肢の中身を読んだ上で、「どんな間違い方をしそうか」「どう間違いになりそうか」を考えていくことが求められるわけです。　そしてこの際に意識するべきは、次の3つのことです。ぜひ実践してみましょう！

STEP1　notや否定的な表現があったら線を引き、本当に否定されているかを確認する。

まず一番「間違いになりやすいパターン」は、notや否定的な表現を使って、文章の内容と反対のことを言う場合です。例えば、
「彼女はこの商品を買わなかった」→実際には本文では買っている
というような感じですね。

notだけではなく、「no ~」とか「hardly」「rarely」など頻度が少ないことで否定するパターンもあれば、「difficult（難しい）」や「only（~だけ）」など、状況を限定的にするものもここに含まれます。

STEP2　固有名詞に線を引き、別の固有名詞を警戒する。

次は固有名詞です。なんらかの具体的なものが、別のものと置き換わっている間違いパターンです。例えば、
「アメリカでこんなことが起こった」→実際には本文では日本で起こったと語っている

というような感じですね。具体的な名前が出てきたら、「他の候補はなんだろう？」と考えるといいと思います。国名が出てきたら「別の国名が来るのではないか？」、人名が出てきたら「他の人名が来るのではないか？」と考えるのです。

STEP3　数量表現・比較表現に線を引き、その数量が合っているか、別の表現に注意する。

最後は数量・比較の表現です。例えば、
「Aが一番大きい」→実際には本文ではAよりBの方が大きいと語っている
という感じですね。この3つのことを意識して問題を解いてみましょう！

問題　文章を読んで、選択肢を選んでください。その際に、以下の3つに注意
　　　しましょう。

STEP 1　notや否定的な表現があったら線を引き、本当に否
　　　　　定されているかを確認する。

STEP 2　固有名詞に線を引き、別の固有名詞を警戒する。

STEP 3　数量表現や比較の表現があったら線を引き、その数
　　　　　量が合っているか、別の表現に注意する。

Evolution is the most basic and powerful concept in the life sciences. It explains how all life is connected by a slow process of development. Each generation of plants and animals changes just a little bit, and over millions of years these changes produce new species. This simple but powerful idea was first presented by the British scientist Charles Darwin in his book *On the Origin of Species*. Published in 1859, the book was very popular and immediately created arguments about Darwin's ideas. By 1870, however, the theory of evolution was widely accepted in the scientific community.

Darwin first became interested in biology while studying medicine at Christ's College, Cambridge. After finishing school, one of his teachers suggested that he travel with the ship H.M.S. Beagle, and study the plants and animals of South America. Darwin agreed, and in 1831 began a five-year trip around the entire globe. This was a critical time in Darwin's life and in the development of his ideas. On the Beagle, Darwin had the freedom to go on land everywhere that the ship stopped. He collected samples of plants, animals, and stones. Darwin was especially interested in the birds he found on a group of small islands on the western side of South America. The birds on each island were a little different from those on the other islands, but science had no way to explain why this variety existed.

In October of 1836, Darwin returned to the U.K. after five years at sea. Only a few months after arriving, he began to write about the possibility that one species of animal could change into another. This theory could explain why each of the small islands had different kinds of birds. They were all related, but over time the birds on each island changed into a new species because they lived in different environments. Even though he thought of this concept in 1837, Darwin did not publish his theory of evolution until 1859. He worked slowly on the project, while also writing several other books and suffering from health problems. He only published *On the Origin of Species* when he learned that another researcher was investigating similar ideas.

Darwin's theory of evolution created conflict with the Catholic Church because it disagreed with the Christian creation story. Most people at that time believed that all the animals on earth were simply created by God. Even today, some religious leaders cannot accept the idea of species changing into other species. Darwin's theory presents a different view of the world, in which humans are just another animal on the tree of life.

問1 　In paragraph 1, what does the author say about Darwin's theory of evolution?

① It was immediately accepted by the scientific community.

② It is the most powerful concept in all of scientific thought.

③ It was inspired by his research as a university student.

④ It explains how all life is connected through change.

STEP 1

問2 　What does paragraph 1 imply about the process of evolution?

選択肢の否定
表現を確認

① Some new species can be produced quickly under certain conditions.

② New species can only develop on islands with no people and in the sea.

③ Evolution is a very slow process that happens over many generations.

④ Evolution has stopped occurring and species are no longer changing.

問3 　What can be implied from paragraph 2 about the source of Darwin's theory?

① Darwin first thought about the development of species while studying medicine in college.

② Darwin's experiences in South America led to his interest in how species change and evolve.

STEP 2

選択肢の固有
名詞を確認

③ Darwin only studied evolution because another researcher was investigating a similar idea.

④ Darwin's observations of animals in the UK and South America helped him think of his idea.

問4 　Which of the following is NOT a reason that Darwin waited until 1859 to publish *On the Origin of Species* ?

① He was suffering from some health problems.

② Another researcher was studying similar ideas.

③ Darwin took a long time to complete his work.

④ He wrote several other books during this time.

STEP 3

選択肢の数量
表現・比較表現
を確認

いかがでしたでしょうか？　それでは、3つの方法を使いながら、選択肢を整理して問題を解きやすくしてみましょう。

STEP 1 not や否定的な表現があったら線を引き、本当に否定されているかを確認する。

今回の文ではあまり否定的な表現はありませんでしたが、それでも 3 つほどありました。

問2

② New species can only develop on islands with no people and in the sea.

「only」とついていて、「no people」となっています。ということは、島以外に発展があったのであれば、島に人がいたのであれば、この選択肢は×になるでしょう。

④ Evolution has stopped occurring and species are no longer changing.

「no longer changing」は、「もはや変化しない」という意味ですね。no longer は覚えておくべきフレーズですね。そして、ということは、「変化する」のであればこの選択肢は×になりそうですね。

問3

③ Darwin only studied evolution because another researcher was investigating a similar idea.

ここでも「only」がありますね。なので、ダーウィンがこれ以外のことをしていたらこの選択肢は×になります。

STEP 2 固有名詞に線を引き、別の固有名詞を警戒する。

ここでは、「Darwin」という固有名詞は出てきていますが、これは他に登場人物も出てきていないので、警戒する必要はなさそうです。しかし、問3は警戒する必要があります。

問3

② Darwin's experiences in South America led to his interest in how species change and evolve.

④ Darwin's observations of animals in the UK and South America helped him think of his idea.

ここでは、「South America」やUKといった具体的な国名が出てきています。ということは、ここでこの具体的な国名と違う国が出てきたら×になるはずですね。

STEP 3 数量表現・比較表現に線を引き、その数量が合っているか、別の表現に注意する。

今回はこの条件に当てはまる言葉が多かったです。順番に見ていきましょう。

問1

① It was immediately accepted by the scientific community.

immediatelyとなっているので、「すぐ」でないのであればこれは×になるはずです。

② It is the most powerful concept in all of scientific thought.

mostとついているので、「一番強い」という意味になりますね。一番ではないのであれば、これは×になるでしょう。

問2

③ Evolution is a very slow process that happens over many generations.

「very slow」は「とても遅い」という意味ですが、ということは遅くなかったら×になりますね。そして「many generations」は「多くの世代」なので、世代が多くないのであればやっぱり×になります。

問3

① Darwin first thought about the development of species while studying medicine in college.

「first」とついていて、「最初に考えたことは〜」となっています。ということは、最初に考えたことがこれではないのであれば×になりますね。

問4

③ Darwin took a long time to complete his work.

「long time」となっているので、「長い」のが前提となっています。長くない

のであれば、これは間違いを指摘する問題なのでこの選択肢が正解になるこ
とでしょう。

④ He wrote several other books during this time.

　「several」は「いくつかの」なので、1冊または0冊であれば当てはまら
なくなり、これは間違いを指摘する問題なのでこの選択肢が正解になること
でしょう。

　ということで、ここからは実際の答えを見ていきましょう。みなさんの読
み通りに行っているでしょうか?

ドラゴン英検攻略法

線を引きながら問題を解くことで、
「どこを力を入れながら見るべき
なのか」がわかるようになる。速
く読み、解けるようになるために
も、どんな問題でも意識してみよ
う!

解答

問1

"It explains how all life is connected by a slow process of development."

　「進化という概念は、緩やかな発達の過程で全ての生命がどのように繋がっているかを教えてくれる」と本文1〜2行目にあるので、これが正解になります。

　ちなみに選択肢②は若干のひっかけになっており、本文1行目では"Evolution is the most basic and powerful concept in the life sciences." ＝「生命科学において進化が最も基本的で有力な概念だ」となっていますが、「全ての科学思想の中で最も有力な概念だ」とはなっていないので×になります。

答え　　④

問2

"It explains how all life is connected by a slow process of development. Each generation of plants and animals changes just a little bit, and over millions of years these changes produce new species." と、植物も動物もそれぞれの世代が少しずつ変化し、長い時間をかけて新たな種が生まれると説明しているので、③が正解になります。「over millions of years」が「very slow」だと読み取れるわけですね。

　ちなみに②は、「新たな種は、無人島と海でしか発達しない」となっていて、無人島・海だけと限定して述べられてはいません。想像した通りonlyがネックになって×になります。

答え　　③

問3

"Darwin agreed, and in 1831 began a five-year trip around the entire globe. This was a critical time in Darwin's life and in the development of his ideas."

"Darwin was especially interested in the birds he found on a group of small islands on the western side of South America. The birds on each island were a little different from those on the other islands, but science had no way to explain why this variety existed."

57

　という記述があり、ここから「南米への探検の際、それぞれの島の鳥たちが他の島の鳥たちとは少しずつ異なる姿をしていたことなどがきっかけで種が変化し、進化することに興味を持った」ということが読み取れますね。「南米」というのも合っていますので、答えは②になります。

　ちなみに①は、"Darwin first became interested in biology while studying medicine at Christ's College, Cambridge." となっていて、ダーウィンは大学で医学を勉強している時「生物学に」初めて興味を持ったとは述べられているので、想像した通り first がネックになって×になります。③は普通に「only」であることが読み取れないので×ですね。

答え	
	②

問4

"Darwin did not publish his theory of evolution until 1859. He worked slowly on the project, while also writing several other books and suffering from health problems." となっており、その研究にじっくり取り組んでいたこと、他にも本を書いていたこと、健康問題に苦しんでいたことが挙げられているため、選択肢①、③、④は本文の内容に合致します。なので、②が正解になりますね。

　なお、"He only published *On the Origin of Species* when he learned that another researcher was investigating similar ideas."（別の研究者が同じような考えを研究していると知って、『種の起源』を出版した。）とあり、選択肢②の「別の研究者が同じような考えを研究していた。」は発表を待った理由ではなく、発表した理由になりますので、これが正解になります。

答え	
	②

問題　文章を読んで、選択肢を選んでください。その際に、以下の3つに注意しましょう。

STEP 1　notや否定的な表現があったら線を引き、本当に否定されているかを確認する。

STEP 2　固有名詞に線を引き、別の固有名詞を警戒する。

STEP 3　数量表現・比較の表現に線を引き、その数量が合っているか、別の表現に注意する。

Getting a driver's license can be one of the best moments in a person's life. However, the procedure of actually getting a license can be different in each country. For example, it is interesting to look at the process of getting a driver's license in America compared to getting one in Japan.

In most states of America, you can drive once you turn sixteen. A year before this though, you can start "Driver's Ed," which is short for: "driver's education" classes. Part of this includes driving on the road with an instructor. You can also get a "driver's permit," which allows you to drive, but only if there is someone who is licensed beside you in the car. This way, you can practice your driving. Depending on which state you live in, there are a certain amount of hours you need to practice driving before you can take the driving test. If you are older than 18, you also have an option of getting a driver's license without going to a driving school. Actually, many people choose to get a license without it. Generally, getting a license in the U.S. won't cost much money. If you decide to get a license without going to a school, you can get one for less than 5,000 yen! Even if you go to a driving school, it would only cost anywhere between 20,000 to 80,000 yen.

In Japan, the rules are not the same and it is usually a very expensive process. You can only get your driver's license once you reach the age of 18. You can also get a driver's permit to practice driving, like in the U.S., but only after you turn 18 years old. Most people in Japan go to a driving school to get a license, and it usually costs around 240,000 yen. To save money, some people decide not to do this, but it is difficult to get a license without going to one. It is possible, but many people who do not go to a driving school first fail the driving test multiple times.

問1 What is this article mainly about?

① How to pass the different driving tests in countries like Japan and America.

② A comparison of how to get a driver's license in Japan versus in America.

③ The differences in road rules and traffic signs between Japan and America.

④ A survey of different license laws from various countries around the world.

STEP 2
選択肢の固有
名詞を確認

問2 What does a driver's permit allow you to do?

① Get a license from an earlier age with no limitations.

② Be exempt from taking the written driving test.

③ Drive with a person in the car who holds a license.

④ Pass the driving test in Driver's Ed more quickly.

STEP 1
選択肢の否定
表現を確認

問3 In paragraph 2, what does the author mean by, Depending on which state you live in, there are a certain amount of hours you need to practice driving before you can take the driving test?

① All states have the same amount of practice hours required for the test.

② Even though states have different rules, it doesn't matter for the test.

③ Most states require the same amount of practice hours before the test.

④ Laws about how many hours are needed are different in each state.

STEP 3
選択肢の数量
表現・比較表現
を確認

問4 Which of the following is true about getting a license in Japan?

① Getting a license in Japan is usually cheap.

② Many people easily pass their driving test.

③ People can get a license at the age of 18.

④ Many people decide not to go to driving school.

では早速、見ていきましょう。今回は4問の問題があったわけですが、みなさんはどこに「否定」「固有名詞」「数量・比較表現」があったか、わかりましたか？

STEP 1 notや否定的な表現があったら線を引き、本当に否定されているかを確認する。

問2

①Get a license from an earlier age with no limitations.

ここにも「no」があります。「no limitations」は、「何の制限もない」という意味ですね。ということは逆に言えば、実際には制限がかかっているのであれば、これは間違い選択肢になるはずです。

問3

②Even though states have different rules, it doesn't matter for the test.

「it doesn't matter」となっていて、「テストに関しては問題ない」となっています。ということは逆に言えば、「テストにも関連する」のであれば、これは間違った選択肢になるわけですね。そこに注目して読んでいくようにしましょう。

問4

④Many people decide not to go to driving school.

notとついていますね。ということは逆に、"Many people decide to go to driving school." =「多くのひとがドライビングスクールに行く」のであれば、これが正解になることがわかるはずです。じゃあ実際、どうなんだろう？と考えて読んでいけば正解がわかるはずですね。

STEP2 固有名詞に線を引き、別の固有名詞を警戒する。

今回、固有名詞が使われているところはいろいろなところがありましたが、「どう間違いになりそうか」を指摘するのは難しかったかもしれません。

問1

①How to pass the different driving tests in countries like Japan and America.

②A comparison of how to get a driver's license in Japan versus in America.

問1では、「Japan and America」とか「in Japan versus in America」など、日本とアメリカという固有名詞が出てきています。

その上で、④番はこうでした。

④A survey of different license laws from various countries around the world.

ということは、「日本とアメリカ」と「世界」という2つの種類の言葉が出てきているわけですね。「日本とアメリカ」の話に限定されているならば①〜③、「世界」の話なら④なのかもしれない、ということがわかると思います。このように、選択肢をよく読んで吟味することも、とても重要なので覚えておきましょう。そしてこの「日本とアメリカ」という対比は、他の選択肢でも登場しています。

問2

④Pass the driving test in Driver's Ed more quickly.

「in Driver's Ed」と書いています。これがどこなのかは本文を読んでみないとわかりませんが、しかし「この場所」という限定があります。ここで考えなければならないのは、この話が、ここ以外の場所の話なのであれば×にしていい、ということでしょう。

問4

①Getting a license in Japan is usually cheap.

「in Japan」、つまりは「日本において」となっています。ということは、これが「アメリカ」のことを指している場合は×になりますね。

STEP 3 数量表現・比較の表現に線を引き、その数量が合っているか、別の表現に注意する。

さて、今回これに当てはまる表現が多かったのは、問3でした。

問3

①All states have the same amount of practice hours required for the test.

「All」と書いているので、本当に例外なく「すべて」の話なのでなければ、この文は成立しません。この「all」が出てきたら、本当にすべての話なのかを確認するようにしましょう。そして、「the same amount of practice hours」とあります。「同じ総量の練習時間」でないのであれば×になることがわかりますね。

③Most states require the same amount of practice hours before the test.

「Most」と書いているので、ここに書かれていることが「ほとんどの」に当てはまらないものであれば×になりますね。さらにその中身には、先ほどと同じ、「the same amount of practice hours」となっていますから、「同じ総量の練習時間」でないのであれば、やっぱり×になります。

問4

②Many people easily pass their driving test.

「many」なので「多くの人」であり、「easily」なので「簡単に」です。多くの人が簡単に手に入れられているかどうかがポイントになりますね。

③People can get a license at the age of 18.

「age of 18」、つまりは「18歳」となっていますが、ここがもし20歳や16歳なのであれば×になりますね。ここにも注意しましょう。

　ここまで確認してから、問題文を読んでみましょう。どうでしょうか？ きちんと、みなさんの想像通りのポイントが間違いのポイントになっているでしょうか？　では、実際の答えを見ていきましょう。

解答

問1　第1段落の最後の文章に "it is interesting to look at the process of getting a driver's license in America compared to getting one in Japan." 「アメリカと日本での運転免許の取得のプロセスを見てみると興味深い」と書いていて、第2段落はアメリカでの取得の仕方、第3段落は日本での取得の仕方が書いてあります。ですからこれは、世界の比較についてではなく、「日本とアメリカの運転免許の取得方法の比較について」がメインテーマだとわかりますね。ということで、答えは選択肢②になります。

答え　　②

問2　第2段落に "You can also get a 'driver's permit,' which allows you to drive, but only if there is someone who is licensed beside you in the car." =「仮運転免許を得ることもできる。これによって運転することができるが、あくまでも運転免許証を持っている人がその車に乗っている時のみに限られる。」と書いているので、仮運転免許があれば運転免許を持っている人が同乗することで運転できることになります。ということは選択肢③が正解ですね。

　ちなみに同じ段落に、

"You can also get a 'driver's permit,' which allows you to drive, but only if there is someone who is licensed beside you in the car." =「仮運転免許を得ることもできる。これによって運転することができるが、あくまでも運転免許証を持っている人がその車に乗っている時のみに限られる。」と書いています。ということは、「仮運転免許があれば運転免許を持っている人が同乗することで運転できる」ということであり、選択肢①のように「仮運転免許があれば何も制限なしで若い年から運転免許を取ることができる」というわけではないとわかります。やっぱり「制限がない」というのが間違いのポ

イントでしたね。

答え　③

問3　第2段落6行目に"Depending on which state you live in, there are a certain amount of hours you need to practice driving before you can take the driving test" ＝「住んでいる州によって、運転の試験を受ける前に決められた時間数の運転の練習をする必要がある」と書いているので、同様の内容が書いてある選択肢④が正解になります。ちなみに選択肢①は、「何時間練習が必要かに関する法律は全ての州で同じ」となるので×ですね。やはり「全て」が間違いだったわけですね。

　同様に、選択肢③の「ほとんどの州で（運転の）試験の前に必要な練習時間が同じ」ではないとわかります。「ほとんど」ではなかったですね。また、選択肢②の「州によって法律は違うが（運転の）試験には関係ない」も間違いになります。

答え　④

問4　第3段落2行目に"You can only get your driver's license once you reach the age of 18." ＝「18歳になると運転免許を取得できる」とありますから、選択肢③が正解になりますね。ちなみに選択肢②は、自動車教習所に行かない場合は"many people who do not go to a driving school first fail the driving test multiple times" ＝「最初に自動車教習所に行かない多くの人は運転の実技試験に複数回落ちる」とあるので「多くの人が簡単に運転の試験に受かる」とは言えないことから×にです。

答え　③

　このように、実際に「×」になるパターンと同じようになっていることがわかりますね。みなさんもぜひ試してみてください！

問題 文章を読んで、選択肢を選んでください。その際に、以下の3つに注意しましょう。

STEP 1 notや否定的な表現があったら線を引き、本当に否定されているかを確認する。

STEP 2 固有名詞に線を引き、別の固有名詞を警戒する。

STEP 3 数量表現・比較表現に線を引き、その数量が合っているか、別の表現に注意する。

Two thousand years ago, the continents of Europe and Asia had two great centers of power. In the west, the Roman Empire controlled a huge area of land from northern Europe down to the top of Africa. In the east, China was developing a strong central state with a rich material culture and many new technologies. In between them were thousands of miles of mountains and dry land, in what is today western China, Afghanistan, and Kazakhstan. This area had little drinking water and farming was very difficult, so there were few villages and roads. For thousands of years, people in Europe and East Asia had little communication and trade, but around 100 B.C., this situation changed because of the "Silk Road."

In truth, there was no single road from China to Europe, rather, there was a network of roads and towns across central Asia that made it possible to deliver goods over such a long distance. The western section of this network had existed for many centuries, allowing horses and vehicles to travel between Europe, North Africa, and India. The Eastern half was created as the Chinese joined together with a single government and began to increase their presence in central Asia. There is no clear date for the beginning of the Silk Road, but by the first century A.D., trade between China and the west had become a big business.

The Silk Road is named for the special silk cloth produced in China and traded in the west for gold and other goods. Silk was very popular in the Roman Empire, but it was not the only item traded along the Silk Road. Plants, animals, metals, stones, glass, and other goods were also delivered between east and west. Most of these goods were traded many times along the way, so they usually arrived in the hands of a professional trader from

India or the Middle East. These people who lived along the Silk Road benefited greatly from the silk trade, which brought money and goods into their cities. People also traveled along the Silk Road, and brought with them their cultures, ideas, religions, and even diseases. Buddhism was first introduced to China because of the Silk Road, which also brought many new technologies to Europe and Africa.

The Silk Road was most important between 100-1000 A.D. After this period, trade slowly went down because of wars and changing governments across central Asia. Travel by land became more difficult, and was eventually replaced by ocean travel. Once ships from Europe found a way to China, it was easier to send goods by boat than by road. The Silk Road may not be used today, but it has affected the history of all Asian and European peoples.

問1　What is the passage mainly about?

①A kind of cloth that was popular in Rome and produced in China.

②The importance of boats to trade between Asia and the West.

③A trade road that connected China and the western world.

④The history of the Roman Empire and its network of roads.

STEP 2

選択肢の固有
名詞を確認

STEP 3

選択肢の数量
表現、比較表現
を確認

問2　Why was travel between China and Europe difficult?

①There are many large rivers and mountains in Central Asia.

②China did not have a government that controlled the trade.

③There was no communication between Europe and India.

④There were many mountains and dry lands in Central Asia.

STEP 1

選択肢の否定
表現を確認

問3　Which of the following best describes the historical importance of the Silk Road?

① It allowed Roman citizens to wear silk cloth instead of wool.

② It connected all the cultures of Asia and Europe for the first time.

③ It created towns and cities in the mountains of Central Asia.

④ It brought diseases back and forth between Europe and China.

問4　Why did the trade through Silk Road eventually slow down?

① Because the western world lost interest in silk and other items from Asia.

② Because war and other political changes made it difficult to travel by land.

③ Because Chinese business people found the trade with Russia very unfair.

④ Because people hated all the new diseases traveling through the Silk Road.

STEP3

選択肢の数量
表現、比較表現
を確認

STEP2

選択肢の固有
名詞を確認

ドラゴン英検攻略法

ちょっとした表現からも、問題文の中身を類推することができるようになる。国名が出てきたら「これはどこの国の話なのかを意識しなければならないんだ」と考えることができる。意識してみよう！

では早速、見ていきましょう。今回は4問の問題があったわけですが、みなさんはどこに「否定」「固有名詞」「数量・比較表現」があったか、わかりましたか？

STEP 1 notや否定的な表現があったら線を引き、本当に否定されているかを確認する。

問2

② China did not have a government that controlled the trade.

「not have a government」となっており、「こういう政府はなかった」となっています。ということは、本文を読んで、貿易をコントロールした政府があったということであれば、この選択肢は×になります。

③ There was no communication between Europe and India.

「no communication」となっているので、ヨーロッパとインドの間でコミュニケーションがあったならばこれは×になりますね。

問4

① Because the western world lost interest in silk and other items from Asia.

「lost」となっており、興味をなくしたと書かれています。ということは、ここでなくしていないとなったら×になりますね。

STEP 2 固有名詞に線を引き、別の固有名詞を警戒する。

問1

① A kind of cloth that was popular in Rome and produced in China.

② The importance of boats to trade between Asia and the West.

③ A trade road that connected China and the western world.

④ The history of the Roman Empire and its network of roads.

ローマ、中国、ヨーロッパ、アジアなど、地名が登場しています。ということは、それぞれの選択肢で挙げられている国名が正解なのか不正解なのかを見ていく必要がありますね。

問2

① There are many large rivers and mountains in Central Asia.

④ There were many mountains and dry lands in Central Asia.

　「in Central Asia.」とありますが、先ほどの問1と関連して考えると、これがもしヨーロッパの話なのであれば×になるでしょう。同様の理由で、問3の「③ It created towns and cities in the mountains of Central Asia.」も場所が1つのキーポイントになることが想像できますね。

問4

③ Because Chinese business people found the trade with Russia very unfair.

　ロシアも登場しています。ということは、ロシアにも警戒が必要だとわかるでしょう。

STEP 3 数量表現・比較表現に線を引き、その数量が合っているか、別の表現に注意する。

問2

① There are many large rivers and mountains in Central Asia.

④ There were many mountains and dry lands in Central Asia.

　この2つの選択肢では両方とも「many」を使った数量表現があります。ということは、「多くの」という言葉を使っているので、これが本当に多くなければ、×になるでしょう。多いというのは、少なくとも1以上ということです。複数個当てはまるのかを本文でチェックすることで、この選択肢を吟味しやすくなります。

問3

② It connected all the cultures of Asia and Europe for the first time.

　「all the cultures」となっていますから、「全ての文化」がコントロールされているわけではないのであればこれは不正解になりますね。また、「for the first time.」となっていて、ここにも警戒が必要です。

問4

④Because people hated all the new diseases traveling through the Silk Road.

ここでは、「all the new diseases」となっています。ということは、「例外なくすべて」が当てはまっていないとこれは不正解になりますね。

では実際の答えを見ていきましょう。

解答

問1

第1段落の結びに "For thousands of years, people in Europe and East Asia had little communication and trade, but around 100 B.C., this situation changed because of the 'Silk Road.'" とあるので、ヨーロッパと東アジア間の交易が the Silk Road（シルクロード）によって大きく変わったということがわかります。そして以降の段落ではシルクロードの説明が続いているので、この文章の主題は中国と西洋をつないだシルクロードについてであると考えられます。

答え　③

問2

"In between them were thousands of miles of mountains and dry land," や "This area had little drinking water and farming was very difficult, so there were few villages and roads." から、中国とヨーロッパの間には山や乾燥した地帯が続いており、飲み水がほとんどなかったことや農業をするのが困難だったために人が住みづらく、それによって貿易が難しくなっていたことがわかります。大きな川や山が多くあったからだとは書かれていませんから①は×。ちなみに選択肢②は、本文に中国に貿易を管理する政府がなかったからとは書かれていないので×になります。

選択肢③は、"people in Europe and East Asia had little communication and trade," とあり、やりとりがなかったのはヨーロッパと東アジアであることがわかります。やっぱり、場所がキーになって選択肢が×にできるポイントがありましたね。よって、残った選択肢④が正解です。

答え　④

問3

　問1でもお話ししましたが、第1段落では、「ヨーロッパと東アジア間の交易が the Silk Road（シルクロード）によって大きく変わったこと」が説明されています。そして、第3段落9行目に "People also traveled along the Silk Road, and brought with them their cultures, ideas, religions, and even diseases." とあり、物理的な商品だけでなく、文化・考え方・宗教・病気といったものが運ばれ、ヨーロッパと中国の文化を「すべて」つなげたことがわかります。ですので、②番が正解になりますね。

答え　　②

問4

第4段落に

"The Silk Road was most important between 100-1000 A.D. After this period, trade slowly went down because of wars and changing governments across central Asia. Travel by land became more difficult, and was eventually replaced by ocean travel." とあり、戦争や中央アジアの政府が変わったことによってシルクロードを利用した貿易があまり行われなくなり、陸の移動が次第に海での移動に置き換わっていったことがわかります。それ以外の選択肢の内容は書かれておらず、普通に本文に書いていないからという理由で切ることができますね。

答え　　②

ドラゴン英検攻略法

「すべて」「完璧に」といった表現は、間違いになりやすい。選択肢を見て、そういう強い表現があったらしっかりと確認するようにしよう。問題が解けるようになるよ！

スピーキングについて

　本書ではあまり触れていませんが、みなさんはもし英検の1次試験を突破したら、2次試験に臨まなければなりません。2次試験はスピーキング面接であり、実際に英語でしゃべってみよう!という検定試験になります。

　でも、「どうしよう、話せないよ」って人は多いですよね。

　「リスニングの勉強はしたから聴けるはずだし、ライティングの勉強もしたから話せないことはないはずなんだけど、いざ喋ってと言われると抵抗感があるな」と思う人もいるかもしれません。

　そんな中で重要なのは、英語の大元になる「主語+動詞」という型をきちんと認識することです。本書でも何度も触れていますが、基本的に、英語は主語と動詞があれば文として成立します。そこに付随情報としてのもろもろの情報を入れていけばいいです。

　ですから、どんなに「どうしよう!なんて言えばいいのかな」と悩んでしまったとしても、まずは「主語」を言えばいいのです。「I……」ととにかく口に出してみる。そして、その主語にぴったりな動詞を言えばいいのです。

　例えば「休日は何をしますか?」と聞かれて「ゲームで遊びます」と言いたい時、まず「誰が」と言うことを考えて、「I」とだけ言う。そして、「I」がどうするのか?と考えて、動詞を口にする。例えば「play」とかですね。で、そのあとで付随情報を言えばいいのです。「I play」まで口に出して、「game」と付け加えるような感覚です。どんなにつたなくても、「この表現って大丈夫かな?」と思うような表現だったとしても、基本的に主語と動詞がしっかりしていれば相手に伝わります。よくないのは、単語だけを口に出すことです。「ゲームで遊びます」が出てこなくて「game!」とだけ言っても、伝わらないのです。ですからしっかりと、このスピーキングの型を意識してみましょう。

　最後に、「完璧を求めてはいけない」と言うのは強調しておこうと思います。

　スピーキングが上手くなりたいと思ったら、完璧主義を捨ててどんどん前のめりに訓練をしていくことです。そうすればみなさんは必ず、英語が喋れるようになるはずです!

ライティング
問題攻略

DAY 4

ライティング頻出「表現の型」を覚えよう！

ライティングの問題を解くにあたって、覚えておいて欲しい「表現の型」を覚える日です！　ゼロから英文を作るのはなかなか大変ですが、11個の「よく使う表現」を覚えた上で問題を解くようにすると、ライティングの問題で得点できるようになります。

DAY 5

ライティングはとにかく簡単に答えよう！

ライティングの問題を解く時に必要なテクニックである「簡単に解釈して書く」ための訓練をする日です！　自由英作文が課せられる英検ですが、書きたいことを英語にできなければ点数にはなりません。書きたいことを英語に直す訓練をして、ライティングできるようになりましょう！

DAY 6

ライティング問題は間違い探しをしよう！

ライティングにおいておそろしいのは、書けたと思っても減点されてしまうこと。どういうところで減点されやすいのかを理解するためには、しっかり他の人の作った答案に「ここが間違っている」と言えるようになる必要があります。そのためのテクニックをこの本から学びましょう！

ライティング頻出
「表現の型」を覚えよう!

　ライティング問題が解きにくいという人はとても多いですね。考えてみれば日本語で作文をするのだって難しいのに、英語で文を作るのなんてもっと難しいと感じるのは当たり前ですね。そんな時におすすめなのが、「型の習得」です。ゼロから書くのではなく、「使いやすい表現を覚えておいて、それを使い倒す」ということです。

　「broaden your mind（視野が広がる）」という表現があります。

　「自分の世界が広がって、視界がひらけたような気分になること」という意味です。一見普通の表現ですが、この表現を使えば、なんでも答えられます。例えば、「旅行についてどう思いますか?」という英文があったとします。これを一から文を考えて答えるのは大変でが、先ほどの「視野が広がる」を使えば、「Travel abroad broadens my mind（旅行は私の視野を広げてくれる）」と書けます。

　また、そっちにわざと持っていくという手もあります。「リモートワークについてどう思いますか?」という英作文を真面目に答えるのは難しいですが、「I think working outside broadens my mind（外で仕事することは、私の視野を広げてくれる）」と書けますよね。

　「この絵をどう思いますか」「視野を広げてくれると思います」「60歳になったら何をしたいですか」「海外に行って視野を広げたいです」

　なんでもこの文で返すことができます。ドラゴン桜でも、型の重要性については触れられています。

2

入試に個性で
対抗しようと
しちゃダメ！

そんな
面倒臭いこと
やってられない！

3

型があるなら
それを使わなきゃ
損！

型を覚えて
パッパと入試を
突破しちゃおう！

4

入試に
個性なんか
いらない！

型を身につけて
発揮するだけで
十分！

77

⟍ ライティング問題頻出、11の「表現の型」⟋

ということで、英語表現の型として、使いやすい英語表現を覚えて対応するようにしましょう！

No.1 視野が広がる broaden one's mind[horizon]

留学のおかげで、私の視野が広がった。

Studying abroad broadened my mind.

No.2 これはこうすることを可能にしてくれる
This[A] enables x to…

私の高校のおかげで、私は友達をたくさん作れた。

My high school enabled me to make a lot of friends.

No.3 もしこのまま物事が進んだら If things go on like this,…

もしこの状況が続けば、環境はもっと悪くなってしまうだろう。

If things go on like this, the environment will deteriorate further.

No.4 こんな影響を与えた A has a 形容詞 effect on ―

その政策は失業者の減少に良い影響を与えた。

That policy has had a positive effect on reducing unemployment.

ポジティブな影響 / ネガティブな影響：positive effect / negative effect

大きな影響 / ささいな影響：major effect / minor effect

深い影響：profound effect / deep effect

No.5 発展する develop

「発展させる」という意味の英語だが、スキルや能力に関して「上げる」という意味でも使える。

私の英語の能力はオーストラリアに行ってから上がった。

My English skill has been developed since I went to Australia.

No.6 傾向がある tend to/be likely to

女性は男性より長生きする傾向がある。

Women tend to live longer than men do.

No.7 〜につながる lead to

その実験は偉大な発見をもたらした。

This experiments led to great discoveries.

No.8 一般的になる become more common

電気自動車はより一般的になっていくだろう。

EV will become more common.

No.9 重視する place a high value on

その評論家たちは歴史的価値を重視している。

The critics place a high value on historical value.

No.10 〜な人々 those who

信じる者は救われる。

Those who believe shall be saved.

No.11 〜のような such as

私はトマトやキュウリのような野菜が好きです。

I like vegetables such as tomatoes and cucumbers.

DAY 4 理論編 モデル問題

問題

　あなたは，外国人の知り合いから以下の QUESTION をされました。

　QUESTION について，あなたの意見とその理由を2つ英文で書きなさい。

　語数の目安は 50〜60 語です。

QUESTION

　Do you think students should study abroad ?

　ただし、今回は次の表現を使って書いてみましょう。

・broaden one's mind[horizon]

・This[A] enables us to

・develop

・lead to

ドラゴン英検攻略法

ヨロシクね！

この11の表現は、例文もふくめて暗記できるようにしよう！　例文もセットで覚えておけば、必ず使えるタイミングがある。逆に、単語だけを覚えておくことには意味がないよ。

No.1 broaden one's mind[horizon] の使い方

broaden one's mindは、「視野を広げる」という意味の表現です。かなり使い勝手がよく、なんでも使えます。

Doing volunteer work broadens our mind[horizon].
訳：ボランティアをすることは、私たちの視野を広げる。
I want to study at an American university to broaden my mind[horizon].
訳：私は、自分の視野を広げるためにアメリカの大学で学びたい。

このように、「視野を広げる」という表現は、自分が今までに知らなかったことを知ったり、経験したことのないことを経験する（留学やボランティア、生徒会活動や起業など）という文脈ととても相性がいいですね。この問題のテーマ「留学」は、まさに新たな学びや経験を得られる貴重な体験であり、broaden one's mind[horizon]「視野を広げる」という表現にぴったりです。

Studying abroad broadens students' mind[horizon].
訳：留学をすることは生徒の視野を広げる。

というように使いましょう。

No.2 This[A] enables us to の使い方

This[A] enable(s) us toは、「これ [A] は私たちが〜することを可能にする」という意味の表現です。より自然な日本語にすると、「これ [A] によって、私たちは〜できる」となります。「可能にする」というのは難しく感じるかもしれませんが、「こういうことができるようになる」という意味なので、因果関係を示すときに使いやすいですね。

Online courses enable us to study at anytime and anywhere.
訳：オンライン講座によって、私たちはいつでもどこでも学ぶことができる（学ぶことが可能になる）。

そして、この問題ではこんな使い方が考えられます。

Going to foreign countries enables students to learn about different cultures and traditions.

訳：外国に行くことは、異なる文化や伝統について学ぶことを可能にする。

　これはつまり、「外国に行くことで、異なる文化や伝統について学ぶことができる」という意味ですね。ただ外国に行って学ぶだけでなく、その土地の文化や伝統に触れることも留学の醍醐味ですよね。この問題でも、この観点を使えば良い答案が書けそうですよね。

No.5　develop の使い方

　develop「発展させる」って、先進国／発展途上国（developed/developing countries）でも使われているように、なんだかスケールが大きそうですよね。でも、実はこの単語、個人の「成長」や「発展」にも使えて、守備範囲が広いのです。

I can develop my writing skill by studying for the EIKEN.

訳：英検に向けて勉強することで、私は（自分の）ライティング能力を成長
　　させることができる。（ライティング能力が成長する）

　この文では、my writing skill（私のライティング能力）が「成長」の対象になっています。

　今回の問題では、このような文が考えられます。

Students can develop their foreign language skills by studying overseas.

訳：学生は、留学をすることで語学力を成長させることができる（留学をす
　　ることで、学生の語学力は成長する）。

　この文でも「their foreign language skills」＝「彼らの語学力」の「成長」について述べられています。

　もう1つ重要なのは、developは、何かをしたときに、それがポジティブな結果を生み出すときに使われるということです。上の2つの例を見ても、「英検の勉強→ライティング能力UP」「留学→語学力UP」と行動がポジティブな結果につながっていることがわかります。

No.7　lead to の使い方

　lead to ～は「～につながる」という意味の表現です。とてもシンプルな表現ですが、lead toはクオリティの高い答案を書く上で強力な味方になります。

　例えばこんな使い方があります。

Overtime work in the workplace leads to mental problems.

訳：職場での残業はメンタルの問題につながる。

　そして、この問題ではこんな使い方が考えられますね。

Using foreign languages in daily life leads to improving them.

訳：日常生活で外国語を使うことは、その外国語力を向上させることにつながる（日常生活で外国語を使うことで、その外国語力を向上させることができる）。

　lead toは、「残業→メンタルの問題」「日常生活で外国語→その外国語の力がUP」というように、因果関係を表す点ではdevelopと似ていますが、こちらはマイナスな面も含めて、よりダイレクトな関連性を表します。論理性や関連性を英文で表現したいときに使いましょう。

解答例

答え　I think that students should study abroad. First, studying abroad broadens students' horizons. Going to foreign countries enables students to learn about different cultures and traditions. Second, students can develop foreign language skills by studying overseas. Using foreign languages in daily life leads to improving them fast. For these reasons, I think that students should study in foreign countries.

（日本語訳）
私は、学生は留学すべきだと思う。まず始めに、留学は学生の視野を広げる。外国に行くことで、学生は異なる文化や伝統を学ぶことができる。次に、留学は学生の語学力を高める。日常生活で外国語を使うことは、速くその言語を向上させることにつながる。これらの理由から、学生は留学すべきだと私は考える。

4日目

ライティング頻出「表現の型」を覚えよう！

ドラゴン英検攻略法

ヨロシクね！

スペルミスがないように、終わった後にしっかりと自分で確認する習慣をつけよう。スペリングのミスもマイナス１点になってしまうのが辛いところ。しっかり覚えよう！

実践編 ライティング問題1

別冊
24ページ

問題

　以下のTOPICについて、あなたの意見とその理由を2つ書きなさい。
語数の目安は80~100語です。

　解答がTOPICに示された問いの答えになっていない場合や、TOPIC
からずれていると判断された場合は、0点と採点されることがあります。

TOPIC

Nowadays, more people are moving from urban to rural.

Do you think this is a good idea?

　ただし、今回は次の表現を使って書いてみましょう。

・those who
・place high value on
・A has a 形容詞 effect on –
・become more common

ドラゴン英検攻略法

今回の表現は、リスニングやリーディングでも出てくる可能性が高い。しっかりと覚えておくことで、すべての能力が上がっていくはず！

まず、「TOPIC」の英文は、「最近、都会から田舎に行く人が増えている。これはいいアイデアだと思うか？」というものでした。さて、これにどのように表現を使っていけばいいでしょう？

No.10 those who の使い方

those who は、「〜な人々」と言う意味で使います。英作文ではPeople をよく使いますが、あんまり使いすぎると、くどいですよね。そこで使えるのが、この those who なのです！

例えば、Those who come are welcome.　訳：来るものは拒まず。

このように、those で「人々」を表し、who は関係代名詞として使われているのです。who come で those を説明しています。つまり、those who come まで、主語（来るひと）となり、are welcome その人を歓迎しているのです！

そして、この問題ではこんな使い方が考えられますね。

Those who live in urban areas/rural areas　訳：都会/田舎に住む人々

No.9 place a high value on の使い方

place a high value on は、「〜を重視する」と言う意味で使います。その人が何を大切に考えているのかを伝えたいときに便利な表現ですね！　ちなみにこのplace は、名詞の「場所」ではなく、動詞の「置く」という意味で使われています。こちらも覚えておきましょう！

例えば、

I place a high value on quantity over quality.

訳：質より量派です。

quantity で「量」、quality で「質」という意味です。ややこしいですね。

まず、I place a high value on quantity で「量を重視する」となり、over quality で「質を超える」になります。よって、質を超えて量を重視する、つまり「質より量を重視している」となるのです。

そして、この問題ではこんな使い方が考えられますね。

People in rural areas place a high value on social connections.

訳：田舎の人々は、人とのつながりを重視している。

social connections は「人とのつながり」という意味です。

No.4 A has a 形容詞 effect on の使い方

A has a 形容詞 effect on は、「Aは、～に対して形容詞な影響、効果がある」と言う意味で使います。必ず、「a」を忘れないようにしてください。

例えば、

Big G's songs have a healing effect on us.

訳：ジャイアンの歌は私たちにとって、癒しの効果があります。

まず、songsのように複数形の時は、haveに直しましょう。healingで「癒しの」という意味の形容詞になります。

（ちなみに、Big Gは英語で、「ジャイアン」と言う意味なんですね）

Moving to the countryside has a positive effect on tired persons.

訳：田舎に移り住むことは、疲れた人にとって良い影響がある。

countrysideで「田舎」と言う意味になります。

positiveはプラスの意味になります。ポジティブな人とかって言うよね。

Be tiredで「疲れた」と言う意味でしたが、実は、tiredは名詞の前にもくっつけられるんです。

No.8 become more common の使い方

become more common は「ますます一般的になる」という意味で使います。

例えば、

Joining online meetings without wearing pants becomes more common.

訳：ズボンを履かずにオンライン会議に参加することがますます一般的になる。

Joining online meetingで、「オンライン会議に参加すること」と言う名詞にしています。without wearing pantsで「ズボンを履かないで」と言う意味です。よって、joining～pantsまでが全部、主語になっています。長いですね。

そして、この問題ではこんな使い方が考えられますね。

Moving to the countryside will become more common in the future.

訳：今後、田舎への移住がますます一般的になるだろう。

The countryはtheがつくと、「国」ではなく、「田舎」という意味でも使います。これからについて話すので、will becomeの形でも使いやすいと思います！in the futureで「将来」を表します。便利なので覚えておきましょう！

解答例

答え I agree with this decision by many people to move from urban to rural for the following two reasons.[*1]
First of all, you do not need much money. This is because, the cost of living is cheaper.[*2] Moreover, there are fields which you can raise crops,[*3] so you can perhaps make food that you eat by yourself.[*4]
Secondly, moving to the countryside has a positive effect on tired persons. People in rural areas place a high value on social connections. Therefore, those who live in rural areas will be kind to you.[*5] In addition, it is rich in nature and fresh food.[*6] You will rest your mind and body.[*7]
For these reasons, I think moving to the country will become more common in the future.

（日本語訳）
　私は、多くの人の都会から田舎に移り住む選択について、以下二つの理由から賛成します。
　第一に、あまりお金がかからないからです。その理由は、生活費がより安くなっているからです。その上、畑や田んぼもたくさんあるので、もしかしたら、自給自足だってできるかもしれません。
　第二に、田舎へ移ることは、田舎に移り住むことは、疲れた人にとって良い影響があります。田舎の人々は、人とのつながりを重視しています。だから、田舎に住む人々は優しくしてくれることでしょう。それに、自然豊かで、食べ物は新鮮です。あなたは、心も体も休まることでしょう。
　これらの理由で、私は、今後ますます田舎への移住が一般的になると思います。

解説
*1 the decision by~ to doで「～による～する選択」と言う意味です。
*2 the cost of~ で「～の費用」と言う意味です。
*3 畑や田んぼ→作物を育てるための土地
*4 自給自足→自分の食べる食べ物を自分で作る
*5 be kind toで「～に優しくする」と言う意味です。
*6 there are rich in natureで「自然豊か」と言う意味です。
*7 mind and bodyで「心も体も」と言う意味です。

問題

　以下のTOPICについて、あなたの意見とその理由を2つ書きなさい。語数の目安は80~100語です。

　解答がTOPICに示された問いの答えになっていない場合や、TOPICからずれていると判断された場合は、0点と採点されることがあります。

TOPIC

Today, more and more people put solar panels on their houses or farms to produce electricity. Do you think this is a good idea?

ただし、今回は次の表現を使って書いてみましょう。

・tend to/be likely to

・lead to

・such as

できれば、これも使って挑戦してみよう！

make a more careful decision

ドラゴン英検攻略法

ヨロシクね！

何度も言うけど、ゼロから英文を作ろうとするのはなかなか難しい。「英文法上問題ない英語表現」でも、本当に単純に、「英語としてそういう表現をしない」ということもある。日本人も、「おはようございます、とは言うのに、こんにちはございます、ってなんで言わないの？」と聞かれても答えられない。だから、英作文は自分が知っている表現だけで作るべき！

90

さて、解説です。

No.6 tend to の使い方

tend to/be likely to は、「～する傾向がある」という意味で使います。キッパリと言い切れない時に、少し表現を和らげる効果があります。

例えば、

Japanese people tend to be humble.

訳：日本人は控えめな傾向がある。

このように、tend は動詞なので、主語の直後に置き、to は不定詞なので、動詞の原形が続きます。

そして、この問題ではこんな使い方が考えられますね。

solar panels tend not to be long-lasting.

訳：太陽光パネルは長持ちしない傾向にある。

まず、tend to を否定する方法は、do not tend to と tend not to の2通りあります。どちらを使っても構いません。

long-lasting で「長持ちする」と言う意味です

No.7 lead to の使い方

lead to は、「～につながる、～を引き起こす」という意味で使います。因果関係を表したい時などに便利な表現ですね！

例えば、

Telling a lie leads to the start of stealing.

訳：嘘つきは泥棒の始まり。

まず、tell a lie で「嘘をつく」と言う意味です。ing 形で動名詞にしてから、主語として使っています。

stealing は「盗み」という意味です。

つまり、嘘をつくことは、盗みの始まりにつながると言うことですね。

そして、この問題ではこんな使い方が考えられますね。

Putting solar panels leads to destruction of traditional culture.

訳：太陽光パネルの設置は伝統文化の破壊につながる。

まず、putting solar panels までが主語です。destruction は「破壊」という意味です。ちなみに、動詞形は destroy です。

No11 such as の使い方

such asは、「〜のような」という意味で使います。for exampleは主語と動詞が必要ですが、such asは名詞を羅列することができるので便利な表現です。

例えば、

In Japan, there are really monsters such as, kappa, tengu and zasikiwarasi.

訳：日本には河童や天狗や座敷童といった妖怪が本当にいるんですよ。

こんな感じで、such asの後ろにいっぱいくっつけられるので、語数も稼げます。

そして、この問題ではこんな使い方が考えられますね。

In Japan, there are many old towns such as Kyoto.

訳：日本には京都のような昔ながらの街並みがたくさんあります。

No12 make a more careful decision の使い方

これは追加で覚えておいて欲しい表現です。

make a more careful decision toは、「もっと慎重に〜する決断をする」という意味で使います。反対派で書きたい時の結論には、もってこいの表現ですね。

例えば、

You should make a more careful decision to marry Little G.

訳：ジャイ子と結婚することについて、もっと慎重に決断した方がいいよ

marryは「〜と結婚する」と言う意味です。(ちなみに、Little Gは英語で、「ジャイ子」という意味です)

そして、この問題ではこんな使い方が考えられますね。

People should make a more careful decision to buy solar panels.

訳：人々はもっと慎重に太陽光パネルを購入する決断をするべきだ。

解答

答え
I disagree with the idea of putting solar panels on their houses or farms to produce electricity[*1]
I have two reasons to support my opinion.
The first, they cost so much. This is because, the costs of panels, installation, and a battery are so expensive.[*2] Moreover, they tend not to be long-lasting.
The second, if you put solar panels on your house, it will look different.[*3]
For example, in Japan, there are many old towns such as Kyoto, where even electric wire are buried.[*4] Therefore, putting solar panels leads to destruction of traditional culture.
In conclusion, people should make a more careful decision to buy solar panels.

（日本語訳）
　私は、発電のために家や、農場に太陽光パネルを設置するという考えに反対です。意見を支持する理由が二つあります。
　一つ目、お金がたくさんかかるからです。その理由は、パネル代金、設置費、そして蓄電池がとても高価だからです。その上、それらの寿命は短いです。
　二つ目、もし、太陽光パネルを家に設置したら、景観が変わってしまうでしょう。例えば、日本には京都のような昔ながらの街並みがたくさんあります。そこでは、電線でさえ地下に埋められています。そのため、太陽光パネルの設置は伝統文化の破壊につながってしまいます。
　結論として、人々はもっと慎重に太陽光パネルを購入する決断をするべきです。

解説
*1 the idea of doing で「〜すると言う考え」という意味です。
*2 installation で「設置」という意味です。
*3 景観が変わってしまう→見た目が変わる→違って見える
*4 where は関係副詞です。前の名詞の京都を修飾していて、後ろの文の最後につくはずの in がなくなっています。ちなみに、in をつける場合は、where を in which にするか、which に変えて最後に in を補うか、どちらかでなくてはいけません。

ライティングは
とにかく簡単に答えよう!

　ライティングの問題が苦手という人はとても多いです。日本語でよく使っている言葉を、英語に直すことが非常に難しいということはよくある話だと思います。でも、難しく考え過ぎてしまうとよくありません。

　とにかく、とりあえずどんな言葉でも英語に直してみようという心持ちが重要なのです。こちらのマンガのシーンをご覧ください。

犬かきでも
なんでもいいから
とにかく
浮いて前へ進む

進めば水に慣れ
恐怖心も消える
そのうち泳ぎ方を
いろいろ試したく
なる

フォームも
自然と身につき
知らないうちに
泳いでることになる

読みや文法の学習は
どうしても
受け身の勉強
気持ちが受け身では
ダメ

始めは訳（わけ）がわからなく
ても 無理矢理使って
積極的に
ならざるをえない
勉強法がいいんだ

95

＼ 英語訳は難しく考えるな! ╱

　ということで、とにかく日本語を英語に直していく経験を積んでいく必要があるということですね。身の回りの言葉でも、簡単な言い回しでも、英語に直していきましょう。その際に重要になるのは、決して、難しく考えないことです。

　例えばみなさんは、「三日坊主」という言葉を訳しなさい、と言われたらどうしますか?

　おそらく真っ先に思いつくのは、「三日がthree daysで、坊主はboyだから、three days boyかな?」だと思います。でもこれは正解ではありません。きちんと、「意味」を答えなければならないのです。意味を考えて訳すことを「意訳」と言います。ここから必要になるのは、「一度意味を考えて訳すこと」です。

POINT1　その日本語の意味を考え、説明を加える

　ということで、ちゃんと「三日坊主」という言葉の意味を考えてみましょう。それが説明できるような英語の答えを作らなければならないのです。この時に重要なのは、難しく考えないことです。例えば、「三日間で物事を終えてしまうくらいに飽き性で、物事を継続するのが困難な人の例え」と日本語で考えると、答えなんて出るわけがないですよね。「飽き性ってどう言えばいいんだ?」「継続するのが困難って、どう表現しよう?」とわからなくなってしまうからです。もっと簡単に考えればいいのです。

　三日坊主って、シンプルに言えば「忍耐力のない人」だとか「諦めやすい人」ってことですよね。これくらい簡単にしてみるのです。

　イメージとしては、「説明を考える」感じです。「三日坊主ってどういう意味?」という言葉の説明を考えてみるのです。

その意味を英語に訳してみる

　三日坊主という言葉を直接訳すのではなく、日本語の意味を考えた上で、訳を考えてみます。「忍耐力のない人」だとか「諦めやすい人」ですから、

「give up easily（諦めやすい）」
「the person with no perseverance（忍耐がない人）」

となります。こうやって考えれば、簡単ですね。

　このように、難しく考えずに、簡単に英語に直すにはどうすればいいかを考えながらライティングの問題にアプローチしていきましょう！

ドラゴン英検攻略法

ん……スポーツならちょっとできれば言うね。できるって

ちなみにこの三日坊主は、東大の入試問題で出題されている。このように、「ことわざの和訳の訓練」は英語の能力アップにつながる。きちんと復習して、英検以外のところでも活かせるようにしてもらいたい。

問題　次の文を英語に直したい。

①彼は脱水症状を起こしている。

②その小説は若年層の間で流行している。

③彼は病床に伏している。

　　問1　①〜③を簡単な日本語で説明してください。

　　①彼は「　　　　　　　　　　　　　　　」。

　　②その小説は「　　　　　　　　　　　　　　」。

　　③彼は「　　　　　　　　　　　　　」。

　　問2　簡単な日本語で説明した各文を、英語に直してください。

　　①He

　　②The novel

　　③He

　では、解説をしていきます。先ほど述べた通り、難しい日本語のままで書こうとしてはいけません。しっかりと、簡単な日本語に直してから、英語に直さなければなりません。

　例えば、「脱水症状を起こす」を辞書で調べると「be dehydrated」と出てきます。ですから、「be dehydrated」を暗記しないと、「脱水症状」とは書けない……なんて考えてしまうと、英語をうまく使うことはできなくなってしまいます。ですから、やるべきことは2つです。

　STEP1 簡単な日本語に直したり、説明を加えてみる
　STEP2 その簡単な日本語を、簡単な英語に直してみる

　大切なのは、発想力です！　簡単に説明するためにはどうすればいいかということを考えて解いていきましょう！

STEP1 簡単な日本語に直したり、説明を加えてみる

　まず、簡単な日本語にしてみましょう。
①彼は脱水症状を起こしている。

　「脱水症状」とは、なんでしょうか？　どんな状態でしょうか？

　生物学的に言うのであれば、「水が足りなくなってしまって、のどが渇き、立ちくらみなどが起こること」です。ですが、そんな難しい説明を英語に直すことはできませんよね。

　このとき重要なのは、主語を意識して説明することです。

　この文は、「彼は」から始まっています。今、彼はどういう状態なのでしょうか？　何時間も水を飲んでいなくて、水を求めている状態ですよね。難しく考えずに、これだけでいいのです。

　「彼は脱水症状を起こしている」→「彼は水を求めている」

　これで終わりです。簡単ですよね。

②その小説は若年層の間で流行している。

　これはどうでしょう？　まずは「若年層」の説明をしなければなりませんね。若年層って、どういう意味でしょうか？まあ、普通に、「若者」ってことですよね。若い人たちのことを、かしこまった言い方で「若年層」と言っ

ているだけです。それを「層だから、layerとかそういう言葉に直したほうがいいのかな」とか考えていると、ドツボにハマってしまいます。その上で、「流行している」ってなんでしょう？流行っているというのは、どういう説明をすることができるでしょうか？

　ここでも、主語を意識しましょう。「その小説」が主語ですよね。ということは、「その小説」が、どうなっていることが「流行している」ということでしょう？

　「多くの人に読まれている」ということですよね。みんなが読んでいる状態だから、その小説は流行していると言えるわけです。

　ということは、

　「その小説は若年層の間で流行している」→「その小説は多くの若者に読まれている」

というだけでいいのです。これで簡単な日本語になりましたね。

③ 彼は病床に伏している

　最後はこれですね。これ、難しいですね。

　だってまず、病床ってなんていうのかわからないですよね。「病床」をそのまま調べても出てこないので、「病気になった人のための寝床」と考えると、「the bed for the sick people」とかになります。

　次に、「伏している」って英語でなんて言うんでしょうね？　ネットとかで調べると「lie down」と出てくるので、この表現を合わせて「He is lying down on the bed for the sick people」でしょうか？　これでもまだ難しいですよね。でも、さっきと同じく、主語を意識して考えてみましょう。

　「彼」が主語ですが、彼は今、どうしているのでしょうか？

　そうですよね。病気で寝ているんですよね。

　「彼は病床に伏している」→「彼は病気で寝ている」

　これだけでいいのです。簡単になりましたね。

STEP 2 その簡単な日本語を、簡単な英語に直してみる

　ここまで来れば、簡単です。難しい単語を使わずに、簡単な英語にしてみましょう。

① 「彼は水を求めている」

　「求める」は「want」とか「need」ですね。この場合、水という具体的なものを求めているわけですから、「He needs water.」でいいわけです。小学生でも答えられるくらい簡単な答えですね。

> 答え　問1　彼は脱水症状を起こしている。
> 　　　　問2　He needs water.

② 「その小説は多くの若者に読まれている」

　「小説」はnovelで、「読まれる」というのは受動態ですから、「The novel is read by a lot of young people.」でいいですね。

> 答え　問1　その小説は若年層の間で流行している。
> 　　　　問2　The novel is read by a lot of young people.

③ 「彼は病気で寝ている」

　病気は「sick」ですから、「He is sick.」でいいですね。「病床」のニュアンスを出すのであれば、「He is sick in bed.」となるはずです。

> 答え　問1　彼は病床に伏している。
> 　　　　問2　He is sick in bed.

　いかがでしょうか？　やってみれば意外と簡単だと思います！　考えながらライティングの問題にアプローチしていきましょう！

DAY 5 実践編 ライティング問題3

別冊
26〜27ページ

問題　次の文を英語に直したい。

①私の父は、単身赴任だ。

②私は寝つきが悪い。

③日本語だと思っている言葉でも、実は外来語というのが多い。

問1　①〜③を簡単な日本語で説明してください。

①私の父は、「　　　　　　　　　　　　　　　　」。

②私は「　　　　　　　　　　　　　　」。

③「　　　　　　　　　　　　　　」。

問2　簡単な日本語で説明した各文を、英語に直してください。

①My father

②I

③

ドラゴン英検攻略法

日本語的に難しい文でも、簡単な日本語に直せる事がある。難しく考えずに簡単な英語。日本語で考えるのはライティングの基本だ。簡単に考える訓練をしっかりと身につけておこう！

　この問題の解説をする前に、1つテクニックをみなさんに紹介します。それは、「動詞」に直すということです。

　みなさんは「私はうなぎだ」という言葉をどう解釈しますか？
　おそらく、「吾輩は猫である」のように「私＝うなぎ」を想定した人と、お店に入って「ご注文何にしますか？」と聞かれて「私（の注文）はうなぎだ」と回答した状況を想定した人の2種類がいると思います。
　この話からわかることは、日本語の「は」とbe動詞の違いです。
　日本語でよく「私は」と使いますが、be動詞と「は」は全然違います。英語のbe動詞は「＝」を指しますが、日本語の「は」は一般に主語を示すだけなので、根本的に別物なのです。

　「私はうなぎだ」は、「I am Unagi」になる場合もありますが、「I ordered Unagi」という表現になる場合もあるのです。
　難しくいうと、これは第2文型と第3文型の違いです。第2文型で「S［名詞］＝C［名詞］」で訳す場合もあれば、第3文型で、「S［名詞］がO［目的語］をV［動詞］する」と訳すのがいい場合もあります。
　その上で作文をするときには、「一般動詞」でどう示すのかを考えてみる習慣がある人は、英作文を書きやすいのです。
　具体的には、日本語では名詞になっている物事を、簡単な一般動詞に直すというのがおすすめです。

　「私はちんぷんかんぷんだ」という日本語を英訳するとしましょう。「ちんぷんかんぷん」という言葉は、それこそちんぷんかんぷんですよね。
　これを動詞に直すと、どうでしょう？　「ちんぷんかんぷん」というのは、一般動詞で考えると「理解できない」ということですよね。
　ということで、日本語を簡単に直す時には、このように「名詞→動詞」の流れを意識してみましょう。動詞で説明することを意識すると、うまく説明ができるようになります。

STEP 1 簡単な日本語に直したり、説明を加えてみる

①私の父は、単身赴任だ。

　まずは「単身赴任」という言葉です。これを簡単にすることが求められていますが、みなさんどのように考えましたか？

　これも、「単身赴任」という名詞として捉えているうちは答えが出ません。これを動詞として考えましょう。「単身赴任」というのは、「一人で、どこかに赴任すること」ですよね。赴任というのは、「家族と離れて暮らして、働くこと」だと言えます。

　ちなみに、「離れて暮らして働く」というのは、2つの動詞が含まれています、このように、1つだと表現しきれない時は2つに分けてもいいと思います。

> 答え　問1　「私の父は、単身赴任だ」→「私の父は、離れて暮らして、働いている」

②私は寝つきが悪い

　次は「寝つきが悪い」という言葉です。これを簡単にするには、どうすればいいでしょう？

　「寝つき」という名詞として捉えているうちは答えが出ませんので、これも動詞として考えましょう。「寝つき」というのは、「ぐっすり眠れる度合い」のことですよね。これが悪いとぐっすり眠れなくて何度か起きてしまうわけです。ですから、かなり大胆に言い換えると、「私は夜いつもぐっすり眠れない」となるわけです。このように、肯定文を否定文に直して解釈することで、よりわかりやすくなることがあります。

> 答え　問1　「私は寝つきが悪い」→「私は夜いつもぐっすり眠れない」

③日本語だと思っている言葉でも、実は外来語というのが多い

　「日本語だと思っている言葉でも」の方は、割と簡単ですが、よりわかりやすく説明をするためには、主語を補う必要がありますね。

　「みんなが日本語だと思っている言葉」というように、多くの人がそう思っているということを書きましょう。

問題は、「実は外来語というのが多い」です。ここで焦点なのは、「外来語」という名詞です。この名詞をどのように処理すればいいのでしょうか？

「外来語」というのは、動詞に直すと、「外から来た言葉」ですよね。「外国から来た言葉」ということで、来たという動詞にすることができます。

ですから、こうなります。

> 答え　問1　「日本語だと思っている言葉でも、実は外来語というのが多い」→「日本語だと思っている言葉でも、実は外国から来た言葉が多い」

STEP 2　その簡単な日本語を、簡単な英語に直してみる

①私の父は、離れて暮らして、働いている

「離れて暮らす」はlive apartですね。そしてそこで暮らしているということになります。少し補うのであれば、「誰と離れて暮らしているか」と言えば、「家族と」ですね。

> 答え　問2　My father lives apart from family and works there.

②私は夜いつもぐっすり眠れない

「ぐっすり眠る」は「sleep well」だと考えられますから、「I always can't sleep well」となります。が、「ぐっすり眠る」をもう少し簡単な日本語に直してもいいかもしれません。「眠ったままでいられない」という解釈をすると、「I can't stay asleep at night」となります。

> 答え　問2　I always can't sleep well.
> I can't stay asleep at night.

③みんなが日本語だと思っている言葉の中にも、実は外国から来た言葉が多い

「実は」というのは、「surprisingly」＝「驚くべきことに」と言い換えられるので、次のようにできますね。

> 答え　問2　Surprisingly, many words which we think are Japanese have come from foreign countries.

問題　次の文を英語に直したい。

①私は出不精だ。

②私の家は農家だ。

③遅刻しないように釘を刺した

問1　①〜③を、簡単な日本語で説明をしてください。

①私は「　　　　　　　　　　　　　　　」。

②「　　　　　　　　　　　　　　」。

③「　　　　　　　　　　　　　　　　」。

問2　簡単な日本語で説明した各文を、英語に直してください。

① My father

② I

③

ドラゴン英検攻略法

難しいことはなかなか表現できないものだ。やはり簡単に直してから英語にしようとしないと、なかなか英語では表現できない。とにかく簡単に考えるというのは、英作文においてもはや鉄則と言っていい。ぜひ「簡単に表現しよう」は胸に刻んでおいて欲しい！

STEP 1 簡単な日本語に直したり、説明を加えてみる

①私は出不精だ。

　まずは「出不精」から考えましょう。出不精とはどんな意味でしょうか。外に出たがらない人という意味ですよね。「私はあまり外に出たがらない」と変換できました。もしくは「外に出るのが嫌いだ」と言ってもいいでしょう。では、外に出ないでいつもはどこにいるのでしょうか。それは当然、家ですよね。ですから、これはさらに「私はいつも家にいる」と変換できます。

> **答え　私はいつも家にいる**

②私の家は農家だ。

　「農家」は難しくとも、"farmer"「農民」なら知っている人も多いかもしれませんね。これがわかっていれば、「私の家族は農民だ」とすれば、"My family is farmer." と言ってしまえば済む話です。これが難しい場合はどうでしょうか。農園や農家などfarmに関係した単語を知っていないと難しいですが、「私の家には農場がある」とすればいいのではないでしょうか。誰が持っているのかなどをもっと詳しくいえば、「私の家族は農場を持っている」ですね。

> **答え　私の家族は農場を持っている**

③遅刻しないように釘を刺した。

　遅刻は"(be) late"ですね。では「釘を刺した」はどうでしょうか。これは難しいかもしれない。ですから、もう少し簡単な言い方に直してみましょう。

　「釘を刺す」なんて言い方、日常生活ではいつ使うでしょうか。なにかについて念押しするときに使いますよね。ですから、「遅刻しないように念押しした」と言い換えられます。でも「念押し」もまだちょっと難しい。

　では、「遅刻しないようにと念押しする」のは、どんな状況でしょうか。例えば誰かが遅刻して、それに対して「もう絶対遅刻するんじゃないぞ！」と警告するような状況が浮かびますね。そう、今回の「念押しする」は「警告する」の意味なんです。ですから、「遅刻しないように警告した」と言い換え

られます。

> 答え　遅刻しないよう警告した

STEP2 その簡単な日本語を、簡単な英語に直してみる

①私はいつも家にいる。

「私は家にいる」は"I stay at home."で表せます。あとはこれに"always"「いつも」を付け加えるだけですね。

> 答え　I always stay at home.

②私の家族は農場をもっている。

「持っている」だから"have"にしたくなりますが、ここで持っているのは「農場」です。物理的に持つことができるものではありません。もちろんhaveでも意味は通ると思われますが、ここはもう少しかっこよく、「所有している」と言ってみましょう。"own"ですね。

> 答え　My family owns a farm.

③遅刻しないように警告した

遅刻は"be late"ですから、「遅刻しないように」は"not to be late"とか"never to be late"と言い換えられます。「警告する」は"warn"です。誰に警告したかが書いていないので、the personとしておきましょう。すると答えはこうなります。

> 答え　I warned the person not(never) to be late.

ライティング問題は間違い探しをしよう!

　DAY4・5を通して、みなさんはライティングの問題で一定うまく書くことができるようになったと思います。頻出表現を使って書きつつ、簡単な言い回しを使って英語を表現することができるようになってきたのではないでしょうか?

　しかし、ライティングはこれだけでは終わりません。もう1つ、とても大事な訓練があるのです。

　それが、「間違い探し」です。ライティングの問題は、どんなに素晴らしい文を書いたとしても、その英文の文法に間違いがあったり、伝わり難い箇所などがあった場合には、減点されてしまうのです。

　この減点の恐ろしさについて、ドラゴン桜ではこんな風に述べられています。

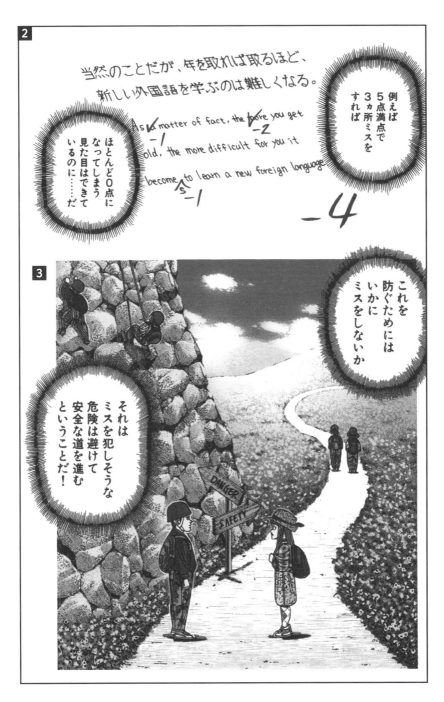

⟋ 間違い探しのスキルを磨こう! ⟍

　ということで、このマンガでも描かれている通り、ライティングは減点法です。自分の知っている単語・文法を使いながら、減点を極力抑えるような書き方が求められるわけですね。ここでは、ここから「減点を抑えられるライティングの仕方」を、みなさんに身につけていただきたいと思います。

　減点を抑えるためのライティング法は、簡単です。

　「間違い探しのスキルを磨くこと」です。

　例えば人の英文を読んだ時に、どこで間違えているのか、そしてどういうポイントで間違いやすいのかを知っている人というのは、自分で英文を書いたとしてもミスをし難い傾向があります。また、自分の英文を読み返しても、「ここ、減点されそうだ」というポイントを指摘できて、ミスが少なくなるのです。

　ですから、「間違い探し」が得意になるような勉強をすることが今日のゴールになります。

　では、具体的にどこに「間違い」が多いのでしょうか?

STEP 1 三単現と品詞

　三単現は、〈三人称〉〈単数〉〈現在形〉の３つをひとまとめにした表現です。主語が〈三人称〉かつ〈単数〉で、動詞の時制が〈現在形〉の状態になると、「s」を付けなければならないというルールのことを指して、〈三単現〉と言います。

　「He play the piano.」は間違いで「He plays the piano.」になります。これ、結構簡単だと思って油断する人が多いのですが、例えば「Studying abroad lead to improve English skill.」という表現の間違いを指摘できますか？「Studying abroad」が〈三人称〉〈単数〉〈現在形〉なので、「leads」になりますね。このように、結構ミスが発生するので注意が必要です。

　そしてこれをきちんと理解するためには、品詞も考えてみるようにしましょう。名詞なのか動詞なのか、副詞なのか形容詞なのか、そういった品詞のミスもありますので、覚えておきましょう。

STEP 2 時制と時制の一致

　文章の中で、時制がしっかりと統一されているのかは確認が必要です。例えば、次の文を見てください。

She told me that she wanted to go shopping. So I think that she will go shopping yesterday.

　これは間違いです。「yesterday.」は過去なのに、「think」と現在の話をしてしまっています。それに、最初が過去なのに、次の文が現在になってしまっていて、いつの話をしているのか全然わかりません。

　この程度であればわかるかもしれませんが、これに大過去や直説法・仮定法が絡んでくると、もっと難しくなります。

　「私は２週間前に買ったペンをなくしてしまった」
I lost the pen which I had bought two weeks ago.

　なくしてしまった時期よりももっと前の「２週間前」を表すために、「had

（縦書き）
6日目　ライティング問題は間違い探しをしよう！

bought」と過去完了を使って表現しているわけです。ここでもし「bought」だったら、ちょっと話が通らなくなってしまいます。このようにしっかりと時制を確認しながら問題を解く必要があるわけですね。

STEP 3 紛らわしい表現

英語には、紛らわしい表現がいくつもあります。

「借りる = borrow」と「貸す = lend」

「着る = put on」と「着ている = wear」

「横にする = lay」と「横たわる = lie」

などなど。これらをしっかりと見分ける必要があると言えます。

STEP 4 内容の説明不足

「世界中のみんなが人の心が読めるようになったらどうなると思いますか？」

「世界平和が訪れると思う。なぜなら嘘がつけなくなるからだ」

と回答していたとして「なんで嘘がつけない→世界平和になるの？」と思いますよね。このように、しばしば説明不足で減点されることがあります。これも回避するようにしましょう。

この4点を確認しつつ、次からの間違い探しに挑戦してみましょう！

DAY 6 理論編 モデル問題

問題

あなたは，外国人の知り合いから以下の QUESTION をされました。

QUESTION について，あなたの意見とその理由を2つ英文で書きなさい。

語数の目安は 50〜60 語です。

QUESTION

Do you think students should study abroad ?

問　次の解答の間違いを指摘してみてください！

I do not think students should study abroad.

Firstly, it cost too much to go abroad.

If the students will use the Internet, they will be able to cut some costs.

Moreover, going to another countries are not safety.

People have to be careful.

Therefore, I do not think students should study abroad.

(52words)

ドラゴン英検攻略法

内容面での減点もしっかり確認しなければならないが、簡単な文法のミスをしてしまう場合もある。そのミスも、英検では「-1点」。1点を追う試験において、これはとても重い。

では、答えに行きます。何個ミスがあったのでしょうか？

答え I do not think students should study abroad.
Firstly, it ❶ cost too much to go abroad.
If the students ❷ will use the Internet, they will be able to cut some costs.
Moreover, studying in ❸ another countries ❹ are not ❺ safety.
❻ People ❼ have to be careful.
Therefore, I do not think students should study abroad.

(日本語訳)
　私は、学生は留学するべきでないと思う。まず始めに、海外に行くというのは非常に多くの費用必要になる。もし学生がインターネットを使えば、費用を少なくすることがきる。さらに、他の国へ行くことは安全ではない。人々は気をつけなくてはならない。以上のことから私は、学生は留学すべきでないと考える。

ということで、7つのミスがありました。みなさんはいくつ指摘できましたか？　では、具体的に見ていきましょう。

STEP 1 三単現と品詞

❶まず始めにcostという動詞について見ていきましょう。ここでの文の主語はitになっていて三人称単数に当てはまります。つまりここではcostsと三単現のsをつけてあげなくてはいけません。

❹前のcountriesにつられてareを見過ごしてしまった人は多いのではないかと思います。この文はstudying in another countries（他の国で勉強すること）までが文の主語となっています。代名詞に置き換えるとitとなるため、単数形になることからisが正しいと言えます。

❺safety（安全）は名詞であり、正しくはsafe（安全な）。形容詞とは状態を表すため、is not safeで「安全ではない」という状態を表すことができるためここではsafeが正しい解答となります。

STEP 2 時制と時制の一致

❷この問題はIf節をマスターしている人はすぐに気づくことができたのではないでしょうか？

　ポイントとして覚えておいて欲しいのは、If節を使う時は未来のことでも現在形を使って表すということです。

例：If it rains tomorrow, we'll stay home.

訳：もし明日雨が降ったら、私たちは家にいるだろう。

　この文章を目にしたとき、「なぜ「明日」と未来を表しているのにrainsで現在形を使っているのだろう」と疑問に思う人は多いのではないでしょうか。

　答えは割とシンプルで、「雨が降る」という「前提」で話しているからです。つまり今回の場合もstudentsがuse the Internetしている状況を「前提」としているためwillは使わずにIf the students use the Internetとなります。

STEP 3 紛らわしい表現

❸ the otherに the othersと another、今回はこの紛らわしい3つの違いについて解説していきます。

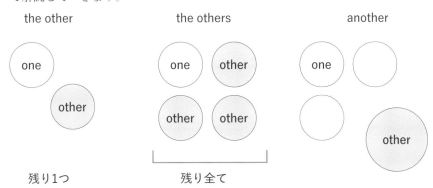

the other　　　　　　　the others　　　　　　　another

残り1つ　　　　　　　残り全て

　図からわかるようにthe otherは2つあるうちの「残り1つ」を指す言葉です。

例：There are two cats. One is black and the other is white.

訳：2匹の猫がいます。1匹は黒で、残りの1匹は白です。

　The othersは「残りの全て」を指す言葉で、以下のように使うことができます。

例：I have three oranges. One is from America and the others are from Australia.

訳：私はオレンジを3つ持っています。1つはアメリカ産で残り2つ（残り

117

の全て）はオーストラリア産です。

　続いてanotherです。これは、前述の図を使って説明をすると、「青い丸以外のどれか１つ」のことを指します。

例：I should find another job.
訳：私は別の仕事を見つけるべきである。

　この場合、今就いている仕事以外の仕事の中から１つ選ぶという意味でanotherが使われています。この３つの使い分けは難しいものであるため、例文をうまく活用して覚えておきましょう！

STEP 4 内容の説明不足

❻Do you think the students should study abroad? であるためstudentsの目線で書く必要があります。留学に行って、自分の身を守るためにhave to be carefulになる必要があるのはthe studentsであるため、peopleではなくthe studentsが正しい主語となります。
❼ただ気をつけなくてはいけないだと何に気をつければ良いのかを読み手が知ることができないため説明不足となります。

例：Students have to be careful because in some countries, people living
　　there use guns in their daily lives.
訳：学生は気をつけて生活しなければならない、なぜならいくつかの国では、
　　そこで生活している人々が日常生活の中で銃を使用しているからだ。

　というように、どうして、何に、気をつけなくてはいけないのかを具体的に書き出してあげることが必要です。

実践編 ライティング問題5

問題

　以下のTOPICについて、あなたの意見とその理由を2つ書きなさい。語数の目安は80~100語です。

　解答がTOPICに示された問いの答えになっていない場合や、TOPICからずれていると判断された場合は、0点と採点されることがあります。

TOPIC

Nowadays, more people are moving from rural to urban.

Do you think this is a good idea?

問　次の解答の間違いを指摘してみてください。

I think this is a good idea.

First of all, we have many opportunities because the city have many univercities, job opportunities, and hospitals. If you could have wanted to be a dentist in your childhood, you must enter University where you can learn dentistry. But there may not be a college in the rural area.

Second of all, urban areas are more convenience than rural areas.

For instance, urban areas have many natures park and fresh air.

For these reasons, living in the city is best choice than living in the countryside.

では答えです。なんとこれは、8つもミスがありました。

答え　I think this is a good idea.
First of all, we have many opportunities because the city ❶ has many ❷ universities, job opportunities, and hospitals. ❸ If you want to be a dentist in your childfood, you must ❹ go to university where you can learn dentistry.　❺ However, there may not be a college in the rural area.
Second of all, urban areas are more ❻ convenient than rural areas.
For instance, 　❼ urban areas have many theaters, amusement parks, and other entertainment facilities.
For these reasons, living in the city is 　❽ better than living in the countryside.

(日本語訳)
これは良いアイデアだと思います。
まず第一に、都会には大学、就職口、病院がたくさんあり、チャンスがたくさんあります。 例えば歯科医になりたいなら、歯科を学べる大学に行かなければなりません。
でも、田舎には大学がないかもしれません。
第二に、都市部は田舎より便利です。例えば、都市部には劇場や遊園地などの娯楽施設が多くあります。
これらの理由から、都会に住む方が田舎に住むよりも良いです。

確認していきましょう。

STEP 1 三単現と品詞

❶ the city has

今回お話しているのは複数の街ではなくて1つの街のお話ですよね。そのため主語「the city」は三人称・単数・現在なので「have」ではなく「has」を使います。後ろの「universities」は複数形なのですが"主語"は単数形なので三単現のsを付けましょう。

❺ butの使い方

「しかし」と言ってまず真っ先に思いつくのは「but」ですよね。

「but」はここでは接続詞として使っています（使おうとしています）。しかし接続詞だけでは文章として成り立ちません。接続詞を用いる時は必ず接続詞がない文章と合わせて用います。そのため「but」は使えないです。

代わりに「however,」を用います。however,このカンマがとても大切です。カンマはここで文章が一区切りということを示します。そのためhoweverの後ろが文章として成り立つのです。少し難しいかしれませんがとりあえず冒頭で「But」を書きたいときは「However,」で書く！これだけ把握しておけば大丈夫です。

❽比較

何かと何かを比べて書く機会はよくありますよね。そのようなときは比較級を用います！　後ろに「than」があるため比較級を用います。ところが間違い文章中の「best」は比較級ではなく最上級になってしまいます。そのため比較級である「better」を用います。今回のように間に名詞（choice）が入ると少し見えにくくくなるので注意しましょう。

基本的に比較級は単語の最後に「er」、最上級は単語の最後に「est」をつければ大丈夫ですが今回の「good-better-best」のように不規則に変化するものもあります。そのような単語は覚えてしまいましょう！

STEP 2 時制と時制の一致

❸ If you could have wanted to be a dentist in your childhood,

この文章、何か複雑に見えてわかりにくかったかもしれません。

時を表すifの中では現在形で表します（難しい言葉で言うと副詞節と言います）。また「could have 過去分詞」で～したかったのに（しなかった）という意味になります。間違い文はこの「could have 過去分詞」の後ろに「in your childhood（子供時代に）」が加えられた形をしています。この文を直訳すると「もし小さいころ歯医者になりたかったなら（なれなかった）」という意味になりますが、この日本語訳につられてはいけません。時を表すifの中では必ず現在形を用います。

STEP 3 紛らわしい表現

❷ univercitiesのつづり

この英単語自体はわかったけどつづり間違えたという人も多いと思います。

正しくはuniversities（単数形university）です。

　この英単語は〜city（街）ではなくuniverse（宇宙）という単語が由来のためsではなくcを用います。sとcが紛らわしい英単語として頻出なので覚えておきましょう。他にもsとcが紛らわしい英単語を少し挙げておきます。参考にしてみてください。

　「choice（選択）」「advice（助言）」「advise（助言する、勧告する）」「device（装置）」「devise（工夫する）」

❹ enterの使い方

　英語には日本語にすると同じような意味になる単語がたくさんあります。「enter」「go to」どちらも日本語に訳すと「行く」という意味になります。しかしこの2つの英単語の意味は少し異なります。

　「enter」は物理的にその場に行くという意味合いです。そのためこの文章で用いると「大学の敷地内に行く」という意味になってしまいます。これでは大学に"行く（進学する）"という意味と少しずれてしまいますね。

　「go to」は進学するという意味で使えます！　ほかにも同じような意味合いの「get into」「be admitted to」などの表現も覚えておくと良いでしょう。

❻ convenience

　これもみなさん非常によく間違える単語です。

　「convenience」は「便利、利便性」という意味の名詞です。

　一方正解の「convenient」は「便利な、使いやすい」という意味の単語で形容詞という種類になります。今回の文章の場合は「都会は田舎よりも便利だ」という意味になるので「convenient」を用います。

　ですので正確にはコンビニエンスストアは「convenience store」ではなくて「convenient store」になります。ぜひ明日から「convenient store」と呼んでみましょう！

STEP 4 内容の説明不足

❼抽象から具体

抽象と具体、少し難しく聞こえたかもしれません。

抽象というのは物事をおおまかに捉えることを言います。逆に具体というのは細かく捉えることを言います。❼の文章の前文で「田舎より都会の方が生活に便利である。」と書いてあります。そのためここでは都会の方が便利な具体例を書かないといけません。今回の間違えた文章の「自然公園や綺麗な空気」は田舎の良い例です。これでは前文と矛盾してしまいますね。なので模範解答には「劇場、遊園地など」となっています。「発達した交通網（good transportation）」などを挙げても大丈夫です。ここの具体例は都会にしかないものなら何でも大丈夫なのでつづりに自信がある簡単な例や自分の好きな例を書きましょう！

ドラゴン英検攻略法

> ん……スポーツならちょっとできれば言うね

抽象的なことを言っていても、点にならないことがある。「世界が平和になる」よりも、「友達が増える」「誰かと仲良くなれる」のような簡単な例を出すべきだ。

実践編 ライティング問題6

別冊 31ページ

問題

　以下のTOPICについて、あなたの意見とその理由を2つ書きなさい。語数の目安は80～100語です。

　解答がTOPICに示された問いの答えになっていない場合や、TOPICからずれていると判断された場合は、0点と採点されることがあります。

TOPIC

Today, more and more people put solar panels on their houses or farms to produce electricity. Do you think this is a good idea?

問　次の解答の間違いを指摘してみてください。

I think it is a good idea that more and more people put solar panels on their houses or farms to produce electricity.

Firstly, they are environmental friendly. For instance, introducing solar panels enables us to decline carbon dioxide emissions. This leads to solving environmental issues.

Secondly, we can save on electricity fares.

In the past, people are not able to use electricity produced by solar panels at night, but the invention of batteries allowed people to do so. Because of that, people can use solar power more economically and efficiently.

For these reasons, I think that it is a positive trend that the number of people who use solar panels are increasing.

今回も、6つもミスがありました。

> **答え**　I think it is a good idea that more and more people put solar panels on their houses or farms to produce electricity.
> Firstly, they are ❶ environmentally friendly. For instance, introducing solar panels enables us to ❷ decline carbon dioxide emissions. This ❸ leads to creating a sustainable society.
> Secondly, we can save on electricity ❹ bills.
> In the past, people ❺ had not been able to use electricity produced by solar panels at night, but the invention of batteries allowed people to do so. Because of that, people can use solar power more economically and efficiently.
> For these reasons, I think that it is a positive trend that the number of people who use solar panels ❻ is increasing.
>
> （日本語訳）
> 家や農場にソーラーパネルを設置して電気を作る人が増えているのは良いことだと考えます。
> まず、それらは環境に優しいです。例えば、ソーラーパネルを導入することで、二酸化炭素の排出量を減らすことができます。これは持続可能な社会づくりにつながります。
> 第二に、電気料金の節約です。
> 以前は、ソーラーパネルで発電した電気を夜間に使用することができませんでしたが、バッテリーの発明により使用できるようになりました。そのため、わたしたちは太陽光発電をより効率的かつ経済的に使うことができます。
> このような理由から、ソーラーパネルを使用する人が増えているのは良い傾向であると考えます。

STEP 1 三単現と品詞

❶品詞の間違い

まず、environmenalの品詞は何でしょうか？ そうです、形容詞です。次にfriendlyという形容詞があるので、environmentalは副詞にする必要あります。

'environmentally friendly'（環境にやさしい）は非常に使い勝手の良いフレーズなのでまとめて覚えてしまいましょう！

environment	名詞
environmental	形容詞
environmentally	副詞

❻ the number of 複数 は「単数」

このようなミスはライティングで非常によく見られます。このフレーズが含まれている文章の主語は、the number of people です。「the number of」は「～の数」という意味で、基本的には単数形扱いです。よって、この場合の助動詞は、areではなくis になります。ただし、「of」の後ろに置く名詞は、複数形になるので注意が必要です。「the number of が主語のときは、単数！」とだけ覚えてしまいましょう。

また、「a number of 」と「the number of」との違いは知っていますか？実はa と theが入れ替わるだけで、大きく意味が変わってしまいます！

the number ofは「～の数」を意味する言葉である一方で、a number ofは「いくつかの」「多数（複数）の」を意味する言葉です。

例：The number of students （訳：生徒の数)

　　A number of students （訳：たくさんの生徒)

この違いも非常に重要であるのであわせて押さえておきましょう！

STEP 2 時制と時制の一致

❺ 大過去について

大過去というのは、過去のある特定の時点から見てさらに前に起きた事柄について表す表現です。少し難しく聞こえますが、先に起きた古い方の出来事を説明する際に、「過去完了形」を使う！ということを覚えておきましょう。今回の場合、「昔は夜にソーラーパネルで生み出した電気が使えなかった」というのは、「バッテリーが使えるようになった」という過去の時点よりも、さらに前のことです。つまり、ここで前者の表現では大過去、過去完了形を使うことが好ましいです。

STEP 3 紛らわしい表現

❷「減らす」という表現

「減らす」という表現を聞いてどの英語を思い浮かべますか？　decrease, reduce, は頭に浮かぶ思いますが、ここで注意しないといけないのは、他動詞である「〜を減らす」という意味でdeclineは使えないということです！　よって今回の場合はreduceまたはdecreaseを使いましょう。declineは、「〜が減少する」という自動詞の意味で使います。

例：The population of the city has declined over the years.
訳：その都市の人口は年々減少している。

また、reduceとdecreaseには、減る、減らす、という両方の意味がありますが、それぞれ以下の意味合いが強いです。

reduce：意図的に減る、減らす。他動詞で使われる傾向が強い。
例：We have to reduce expenses.
訳：出費を減らす必要がある。
decrease：自然発生的に減る、減らす。自動詞で使われる傾向が強い。
例：The unemployment rate has decreased.
訳：失業率が減少した。

もちろん例外もあるため、様々な文章を読む上で感覚を身につけていくことが重要です。

❹「料金」にまつわる表現

fareは、料金は料金でも、「運賃」という意味を表します。

この場合、electricityと相性の良いbillという単語を用い、electricity bill（電気料金）とするのが良いでしょう。

以下、ライティングでよく使う、「料金」にまつわる英単語です。しっかり違いを押さえておきましょう！

fare（運賃）：交通機関（バス、電車、飛行機など）の利用に際して支払う金額。

例：bus fare（**訳**：バスの運賃）

price（価格）：商品やサービスの値段。

例：The price of the new smartphone（**訳**：スマートフォンの値段）

fee：特定のサービスや取引に関連する費用。

例：entrance fee（**訳**：入園料）

bill（請求書）：商品やサービスの提供者が顧客に送る、支払いの要求を含む文書。

例：electricity bill（**訳**：電気料金）

STEP 4 内容の説明不足

❸因果関係の飛躍

　原因と結果によって論理的に書く、というのは英作文を書くうえで非常に重要です。しかし、その上でよく起こってしまうので、原因から結果に論理的につながっておらず、論理が飛躍してしまっていることです。

　１つ前の、introducing solar panels（ソーラーパネルの設置）→decreasing carbon dioxide emissions（二酸化炭素の排出を減少）という論理は繋がっています。

　しかし、decreasing carbon dioxide emissions（二酸化炭素の排出を減少する）→solving the environmental issues（環境問題が解決できる）、というのは論理が飛躍してしまっています。こういった場合は、辻褄が合うように、直接的な因果関係になるようにすることが好ましいでしょう。今回の場合、decreasing carbon dioxide emissions（二酸化炭素の排出を減少する）→creating sustainable society（持続可能な社会を作る）というなら、論理が通じるでしょう。

　このように、原因が結果に直接結びついていない場合は、採点者には論理的に通っていない文章、と捉えられてしまうため、論理が飛躍していないかを確認するようにしましょう！

英検の過去問との向き合い方

　さて、本書は英検に立ち向かうための能力の養成を10日で行うものです。ですが、この本だけで勉強を完結させてしまうのはもったいないです。より英検の合格率を上げるために、1つ「並行して行ってもらいたいこと」があります。

　それは過去問対策です。市販の英検の過去問や、英検のHPに掲載されている英検の問題を確認し、それを解く練習をしてみてください。それも、だらだらと時間をかけて解いてしまうのはよくありません。決められた時間内で終わらせることができるように、しっかり本番と同じ時間で解き、可能であればマークシートにマークをして、本番さながらの緊張感の中で問題を解いてみましょう。

　過去問演習は、どんな試験においても有効ですが、特に英検においてはとても重要な意味があります。本書の中でもいくつかご紹介していますが、英検の問題はかなり似ている部分があり、何度も解けば「英検っぽい英文のリズム」に慣れることができるようになります。最初は苦戦するかもしれませんし、思うような点数が取れなくて思い悩むこともあるかもしれませんが、しかしそれでも、解くことに大きな意味があります。本書で学んだ方法を試しつつ、解いてみてください。きっと、「ああ、ここで習ったあれが使えるはずだ」と思える部分があるはずです。また、試験1回分解くのはもちろんのこと、余力があれば数回解いてみましょう。解けば解くだけ、効果が現れていくと思います！

　そして、もし時間があれば、もう1つやってみて欲しいのは、ライティング問題で作った自分の答案を、人に見てもらうことです。作った文章について、「内容的に伝わりにくい部分はないか？」「英語として間違っている部分はないか？」ということをチェックしてもらうのです。英語の先生でもいいですし、そうでなければ友達でもいいです。一度見てもらって、どう思うかを聞いてみましょう。人の意見を聞いてみることはかなり有効です。特にライティングは、誰かに見られることによって、ブラッシュアップされる部分があります。ぜひ誰かにチェックしてもらう機会を持つようにしましょう。

リスニング
問題攻略

DAY 7

動詞を聞き取れ！

リスニングの問題を解く時、動詞に注目して聞き取るようにすると、英文の中身が大体わかるようになり、リズムに慣れることもできるようになります。動詞を聞き取れるようにディクテーションの訓練をして、リスニングに強い耳を作りましょう！

DAY 8

リスニングは選択肢から中身を類推しよう！

DAY 3ではリーディング問題で選択肢を吟味するテクニックを学びましたが、この日はリスニング問題で選択肢から中身を類推できるようにしましょう。どんな英文が流れそうかをしっかり理解できるようになると、リスニングでの高得点が狙えるようになります！

QRコードについて
DAY7、DAY8はリスニング問題になります。音声を聞き取る際は、「理論編モデル問題」「実践編リスニング問題」ページにある「QRコード」をスマートフォンなどで読み取って使用してください。

動詞を聞き取れ!

　次はリスニングについてです。リスニングの問題において重要なのは、英語のリズムに慣れることです。日本語と違って、英語は文の構造のパターンが少ないです。どんな場合であっても、主語があって述語が来るというのは変わりません。ですから、このリズムに慣れることができるようになると、リスニング問題に慣れてくることができるようになります。この点について描かれている『ドラゴン桜』のワンシーンはこちらです。

英語を声に出して読んでリズムをつかめ！

　いかがでしょうか？ マンガで川口先生が言っていた通り、重要なのは、英語をしっかりと自分でも読んでみることです。音声を聞いて、その真似をしながら読んでみるのです。この「追い読み」のことを「シャドーイング」と呼びますが、この方法にはとても効果があることがわかっています。

　今回この本では何問かのリスニング問題とスクリプトを用意しているので、ぜひ自分で読み上げてみるようにしましょう！

　さて、そしてこの際に意識するべきは、「動詞を追う」というものです。先ほどお話ししましたが、英語にはリズムがあります。主語があって、その後ろに述語＝動詞が来る、というものです。このリズムをしっかりと自分の中で身につけておくと、文章をよく理解できるようになります。

A lot of people in Japan faced difficult problems.

　例えばこの文の動詞はなんでしょうか？「face」＝「直面する」ですね。これが動詞だと認識できれば、その前までの「A lot of people in Japan」は名詞だとわかります。facedさえ聞き取れてしまえば、「よくわからないけれど、人が何かに直面しているんだな」ということはわかるはずです。

　英語は、動詞の意味さえ理解できれば、あとはそこから類推して文の内容を考えることができるのです。

　今日のレッスンでは、動詞を聞き取って、なんと言っていたのかを書き留めてもらおうと思います。

A lot of people in Japan _____ difficult problems.

　となっているところを聞き取って、「faced」と書いていく訓練をしてみてください。この訓練は「ディクテーション」と呼ばれるもので、リスニングにおいてとても大きな効果があることがわかっています。これを実践すれば、みなさんは英語の文章が大体リズムとして理解できるようになります！　その上で、問題もつけていますので、ぜひセットで解いてみましょう。

問題　下線部に当てはまる英語を聞き取り、書きなさい。その上で問題を解いてみましょう。

(Advisor) : You ___ really tired. Is everything OK?
(Student) : Well ... I'm really ____. I have two papers due this week and an exam on Friday. And next week is even busier. When I ___ to ____ down to ____ ____ing on something early, I just can't do it. I get distracted and end up ___ing it off. The work ____s up, and so then I have to ____ up late trying to ____ everything.

(Advisor) : Sounds like you have a procrastination problem. Procrastination means ____ing or ____ing things you ____ to ___ done.
(Student) : That's definitely me. What can I do about it?
(Advisor) : Well, the first thing is to ____ that it's very common. Almost everyone _____ procrastination in their lives at some point. Basically, we all ____ instant rewards rather than future rewards.

(Student) : Like going out with friends instead of ____ an essay?
(Advisor) : Exactly.
(Student) : Is there anything I can do about it?
(Advisor) : Yes there is! There are many ways of _____ing with procrastination, but just remember that ____ing is the hardest part. One big thing you can do is to ____ ____. ___ daily goals, ____ lists, and ____ up large projects into smaller, daily assignments. You can ____ down the six most important tasks to complete each day. ____ at number one and complete it. ____ your way down the list. Anything you haven't_____ ____ ____ on the next day's list. This way, you ____ in the habit of completing your work every day.

(Student) : That sounds good. I really need to ____ ____.
(Advisor) : Right! Sometimes a huge assignment can ____ impossible at first, but if you do a little every day, it won't be so bad. Another thing to do is to ____ yourself a little reward after completing tasks. ____ to your favorite song, ____ your favorite snack, or ____ an episode of your favorite TV series. That will ____ you motivation to complete more tasks and ____ more work done.
(Student) : Thank you! You've given me some really great advice.
(Advisor) : You're welcome. I hope you get some more sleep too !

問1　What is the main topic of this conversation?

① Ways to study for big exams

② Ways to sleep better at night

③ Ways to stop procrastinating

④ Ways to write essays quickly

問2　What is "procrastination" according to the advisor?

① Finishing tasks and assignments

② Postponing tasks or assignments

③ Getting bad grades in university

④ Turning in assignments too late

問3　What causes people to procrastinate, according to this conversation?

① Valuing instant rewards over future ones

② Not having the right kind of education

③ Sleeping for too long during the week

④ Having lots of social events to attend

問4　Which is NOT a way of dealing with procrastination, as proposed by the advisor?

① Breaking up large tasks into smaller ones

② Making lists of the most important tasks

③ Giving yourself rewards after finishing tasks

④ Taking long breaks after completing tasks

いかがでしょうか？ 動詞はディクテーションできましたか？ 1つ1つ整理していきましょう。答えを段階的にお見せしていきますので、採点してみてください。

(Advisor) : You look really tired. Is everything OK?

(Student) : Well… I'm really stressed. I have two papers due this week and an exam on Friday. And next week is even busier. When I try to sit down to start working on something early, I just can't do it. I get distracted and end up putting it off. The work piles up, and so then I have to stay up late trying to finish everything.

　さて、難しかったのはどこでしょうか？ 最初の「tired」が聞き取れたら、次の「stressed」は類推できたはずです。疲れている理由が、ストレスを受けているからだということですね。そして、「勉強することに疲れている」というのが何となくわかれば、次の「sit down」や「start working」もわかるはずです。

　「pile up」は語彙としてなかなか難しいですが、「積み上げる」という意味の言葉ですね。これも覚えておきましょう。「stay up late」で「夜遅くまで起きている」ということなので、「勉強・課題が積み上がっていて、夜遅くまでやらなければならず大変だ」というのは動詞だけ見ても類推できると思います。

(Advisor) : Sounds like you have a procrastination problem. Procrastination means delaying or postponing things you need to get done.

(Student) : That's definitely me. What can I do about it?

(Advisor) : Well, the first thing is to know that it's very common. Almost everyone experiences procrastination in their lives at some point. Basically, we all value instant rewards rather than future rewards.

　「delay」「postpon」は、両方とも「遅らせる」という意味ですね。難しい動詞ですが、1つでも聞き取れれば答えはわかると思います。さらに、「get done」で「終わらせる」ですから、こっちが聞き取れれば「課題が終わらない」という意味がわかるという人も多いのではないでしょうか？

そして次は「experience」ですね。「経験する」という意味ですが、これも聞き取りやすかったと思います。それに対して、最後の「value」は難しかったと思います。「え、これが動詞？」と思った人もいると思います。普通は名詞として使って「価値」という意味になりますからね。しかしこれは動詞で「価値を置く」という意味になります。これは知識ですが、「もしかして」と思うことができれば意味が通ると思います。

そして動詞を追っていくと、「誰でもそういう経験はあるよ」という「共感」をしているということはおそらく見えてくると思います。

(Student) : Like going out with friends instead of writing an essay?

(Advisor) : Exactly.

(Student) : Is there anything I can do about it?

(Advisor) : Yes there is! There are many ways of dealing with procrastination, but just remember that starting is the hardest part. One big thing you can do is to get organized. Set daily goals, make lists, and break up large projects into smaller, daily assignments. You can write down the six most important tasks to complete each day. Start at number one and complete it. Work your way down the list. Anything you haven't completed gets put on the next day's list. This way, you get in the habit of completing your work every day.

「deal with」で「対処する」という意味の熟語ですが、みなさん覚えていましたか？　覚えていても、今回のように「dealing with」と形を変えて出題される場合もあるので難しいですね。ここが聞き取れるかどうかが勝負です！

「get organized」で「組織する」という意味になります。ここで１つテクニックですが、「get」は「get」が聞き取れただけで安心してはいけません。その後ろに「get done」「get organized」のように何かがくっついて違う意味の動詞になることもあるからです。ぜひ覚えてください！

(Student) : That sounds good. I really need to get organized.

(Advisor) : Right! Sometimes a huge assignment can feel impossible at first, but if you do a little every day, it won't be so bad. Another thing to do is to give yourself a little reward after completing tasks. Listen to your favorite song, eat your favorite snack, or watch an episode of your favorite TV series. That will give you motivation to complete more tasks and get more work done.

(Student) : Thank you! You've given me some really great advice.

(Advisor) : You're welcome. I hope you get some more sleep too!

　「listen」「eat」「watch」と、怒涛の動詞ラッシュでしたね。みなさんは対応できましたか？　もし聞き取れなかったとしても、「まあsongならlistenだろうな」「TV seriesなら、観るんだろうから、watchかな」と考えることができるといいと思います。また最後は「give」と「get」でした。この2つの動詞はよく登場するので、しっかりと忘れないようにしていただければと思います。

　さて、ここまで来れば答えは簡単に出せるはずです！　問題の解説をしていきましょう。

解答

問1

　最初、学生が「課題をこなせないことについて」の悩みを打ち明けると、指導教官が "Sounds like you have a procrastination problem." =「やらなければならないことを先延ばしにしてしまう問題があるみたいだね。」と問題を指摘しています。それに対して学生は "What can I do about it?" =「どのようなことができるでしょうか？」と尋ねていて、その後指導教官は "There are many ways of dealing with procrastination, …" =「やらなければならないことを先延ばししてしまうことをやめる方法はたくさんあるけれど…」と伝えています。この一連の会話は、動詞を追っていればすぐにわかると思いますが、ともかくこの会話は主にやらなければならないことを先延ばしにしてしまう問題に対処する方法についてであることがわかるため、正解は選択肢

③になります。これは、「procrastinate」という言葉が何度も登場していたのでわかると思います。

| 答え | ③ |

問2

指導教官が "Procrastination means delaying or postponing things you need to get done." =「『プロクラスティネーション（先延ばし）』とは終えるべきことを遅らせたり持ち越したりすることです」と言っていることから、終えるべき仕事や課題を先延ばしにすることだとわかるはずです。なので選択肢②が正解になります。

「delaying or postponing」が聞き取れていれば答えがわかったできるのですね。

| 答え | ② |

問3

指導教官が "Almost everyone experiences procrastination in their lives at some point. Basically, we all value instant rewards rather than future rewards." =「ほとんどの人が人生のどこかでやるべきことの先延ばしをしてしまいます。基本的に私たちは皆、将来的に報われることよりも即座に報われることに価値を置きます」と言っています。value が聞き取れれば意味は何となくわかったのではないでしょうか？　そして、将来的に報われることよりも即座に報われることを評価するから人は先延ばしをしてしまうことがわかるので、正解は選択肢①になります。

| 答え | ① |

問4

この問いは、指導教官が提案したやるべきことを先延ばししてしまう問題への対処法として当てはまらないものを尋ねていますね。

そして、指導教官は こう述べています。

"One big thing you can do is to get organized. Set daily goals, make lists, and break up large projects into smaller, daily assignments.（中　略）Another thing to do is to give yourself a little reward after completing tasks. Listen to your favorite song, eat your favorite snack, or watch an episode of your favorite TV series."

＝「あなたができる1番大事なことは準備・整理をするということです。日々
の目標を決め、リストを作成し、大きなプロジェクトをより小さな日々の作
業に細分化します。もう1つは、作業を終わらせたら自分にささやかなご褒
美を与えることです。お気に入りの曲を聞いたり、好きなおやつを食べたり、
大好きな連続テレビ番組を1回分見たりといったことです」

　ここも、動詞が聞き取れればわかったはずですね。そしてだからこそこの
問題の正解は、ここに当てはまらない選択肢④になります。

答え	
	④

ドラゴン英検攻略法

リスニングの音声を聞いていて、
どんどん先に行ってしまって「ど
うしよう！」となったときでも、
聞き取れた動詞をとりあえずメモ
することで文章の流れが整理でき
ることがある。動詞を聞き取る訓
練は日常的にやって欲しい！

問題　下線部に当てはまる英語を聞き取り、書きなさい。その上で問題を解いてみましょう。

(Emma) : Hey, have you ____ to one of the residence hall seminars on alcohol issues yet?

(Liam) : No, I haven't. I'm going to the one tomorrow. How was it?

(Emma) : Actually, it was pretty interesting. There was a lot of information that really ____ me ____ about the consequences of ____ alcohol. Like, for instance, 1 out of 4 college students ____ that alcohol negatively ____ their academic performance. And alcohol abuse can ____ ____ ____ in many cases, as well as greater chances of violence and sexual assault.

(Liam) : Oh wow! I guess that's true. Sometimes I'm really ____ after drinking and I ____ ____ ____ ____, but I don't think that all that bad stuff can ____ ____ me. I usually ____ ____ before I ____ too drunk and blackout.

(Emma) : Maybe not, but they ____ us that it's still good to think consciously about our drinking habits. Binge drinking is still a big issue.

(Liam) : Yeah? I've ____ of binge drinking before, but what exactly is it?

(Emma) : Well, binge drinking is basically drinking a lot of alcohol in a short amount of time. At the seminar, they ____ that it usually means ____ four to five drinks over a two-hour period. Even if you don't ____ ____ or others in the short-run, binge drinking often can ____ a lot of health problems.

(Liam) : What sort of problems?

(Emma) : It can really ____ ____ to your liver, and your brain too. Long-term binge drinking can ____ ____ ____ and even ____. I think it ____ a lot of sense.

(Liam) : How so?

(Emma) : Well, I think that if you drink a lot, it can ____ ____ ____ ____ on alcohol. And that can ____ ____ of loneliness and distress.

143

(Liam) : Even if you're drinking socially?

(Emma) : Definitely. Like I said before, it's important to ____ ____ ____ how much you're drinking each time. Even drinking socially can lead to dependence on alcohol, because then you feel the need to drink when you're around other people.

(Liam) : You mean because of peer pressure? What if you just ____ ____ ____ fun?

(Emma) : Right! I think peer pressure has a lot to do with it, especially at college. We're all ____ ____ ____ in and _____ friends, so sometimes we drink more than we need to because everyone else is doing it. Insecurity ____ a lot to do with it too. There's also a lot of stress at college from exams, so we want to escape. But, there are lots of ways to have fun relationships and _____ friends without drinking.

(Liam) : I think you're right. Maybe I won't drink so much at that party tonight⋯

問1　What is the main topic of the conversation?

① Alcohol issues in college.

② Making friends at college.

③ Studying habits in college.

④ Staying healthy in college.

問2　Why doesn't Liam think that issues relating to alcohol will affect him?

① Liam is very healthy so alcohol doesn't affect him.

② Liam stops drinking before he becomes too drunk.

③ Liam isn't interested in alcohol and he never drinks.

④ Liam has been to the seminar and is well informed.

問3　What is binge drinking?

① Consuming a little alcohol over a long period of time.

② Consuming a lot of alcohol over a long period of time.

③ Consuming a little alcohol over a short period of time.

④ Consuming a lot of alcohol over a short period of time.

問4 Why does Emma think that binge drinking can lead to alcohol dependence in college?

① People may feel the need to drink in order to do their work.

② People may feel the need to drink in order to stay healthy.

③ People may feel the need to drink in order to make friends.

④ People may feel the need to drink in order to be more adult.

問5 What advice does Emma give at the end of the conversation?

① We should never drink alcohol while in college.

② We can still socialize without drinking alcohol.

③ We need to limit ourselves to one drink a night.

④ We have to regularly get tested for liver disease.

ドラゴン英検攻略法

ここでも、選択肢の動詞を先に読んで、内容を類推することをやってもらいたい。すべての「DAY」はつながっている。リーディングで学んだことをリスニングでもしっかり生かしてほしい！

では、動詞のディクテーションの結果から見てみましょう。みなさんは何個正解できましたか？

(Emma) : Hey, have you gone to one of the residence hall seminars on alcohol issues yet?

(Liam) : No, I haven't. I'm going to the one tomorrow. How was it?

(Emma) : Actually, it was pretty interesting. There was a lot of information that really made me think about the consequences of drinking alcohol. Like, for instance, 1 out of 4 college students say that alcohol negatively affects their academic performance. And alcohol abuse can lead to death in many cases, as well as greater chances of violence and sexual assault.

makeは第5文型として使われる場合、「make」＋人＋「動詞の原形」という形になり、使役の意味になります。具体的には、「○○させる」が代表的ですし、今回も「私に考えさせる」という意味ですね。これがわからないとここのmakeの意味がわからなくなってしまうので、しっかり聞き取り、その上でその後ろの動詞もセットで聞き取るようにしましょう。

ここで難しかったのはaffectsですね。「影響を与える」という意味で、結構リスニングでよく使われるので覚えておきましょう。

(Liam) : Oh wow! I guess that's true. Sometimes I'm really tired after drinking and I don't get things done, but I don't think that all that bad stuff can happen to me. I usually stop drinking before I get too drunk and blackout.

(Emma) : Maybe not, but they told us that it's still good to think consciously about our drinking habits. Binge drinking is still a big issue.

(Liam) : Yeah? I've heard of binge drinking before, but what exactly is it?

「don't get things done」は、こうやって答えを見てしまえば簡単ですが、聞き取ろうとすると難しいですよね。それに、「not」を聞き逃すと中身を真逆にとらえてしまう場合もありますので、しっかりと聞き取るようにしましょう。

「stop」の後ろは「〜ing」がついて「〜することをやめる」という意味に

なるので、こちらも覚えておきましょう。さらに、「happen to」はたまたまという意味なので、これも覚えておきましょう。

(Emma) : Well, binge drinking is basically drinking a lot of alcohol in a short amount of time. At the seminar, they said that it usually means consuming four to five drinks over a two-hour period. Even if you don't hurt yourself or others in the short-run, binge drinking often can cause a lot of health problems.

(Liam) : What sort of problems?

(Emma): It can really do damage to your liver, and your brain too. Long-term binge drinking can lead to depression and even suicide. I think it makes a lot of sense.

　「consume」も聴き慣れない動詞かもしれませんが、「消費する」という意味の動詞なので覚えておいてください。今回難しかったのは「lead to」の後ろに名詞が2つ繋がっているところですね。「depression」で安心せず、その後の「and」が出てきた時点で「あ、次また名詞くるかな」と身構えるようにするといいと思います。そして「suicide」は「自殺」という意味の動詞です。

(Liam) : How so?

(Emma) : Well, I think that if you drink a lot, it can lead to being dependent on alcohol. And that can cause feelings of loneliness and distress.

(Liam) : Even if you're drinking socially?

(Emma) : Definitely. Like I said before, it's important to be aware of how much you're drinking each time. Even drinking socially can lead to dependence on alcohol, because then you feel the need to drink when you're around other people.

　「lead to being dependent」で、「依存することにつながる」ですね。難しいですがここが聞き取れると内容の類推ができます。「be aware of」は聞き取りにくいかもしれませんが、よく登場するので耳を慣らしておきましょう。

(Liam) : You mean because of peer pressure? What if you just want to have fun?

(Emma) : Right! I think peer pressure has a lot to do with it, especially at college. We're all worried about fitting in and making friends, so sometimes we drink more than we need to because everyone else is doing it. Insecurity has a lot to do with it too. There's also a lot of stress at college from exams, so we want to escape. But, there are lots of ways to have fun relationships and make friends without drinking.

(Liam) : I think you're right. Maybe I won't drink so much at that party tonight…

　「worried about fitting in and making」の辺りは動詞が連なっていて聞き取りにくいですね。でも、最低でも「worried about」さえ聞き取れれば大体の方向性はわかるはずですので、そこまでがんばってみましょう。

　ということで、今回もここまで読めれば大体方向性がわかり、問題が解けるはずです。

解答

問1

　エマが "Hey, have you gone to one of the residence hall seminars on alcohol issues yet?" =「ねぇ、アルコール問題に関する学生寮セミナーの1つにはもう行った？」と尋ねたのに対し、リアムが "No, I haven't. I'm going to the one tomorrow. How was it?" =「いいや、まだ。明日行くつもり。どうだった？」と答えたところから会話が始まっていますね。

　さらにエマはその後 "There was a lot of information that really made me think about the consequences of drinking alcohol. Like, for instance, 1 out of 4 college students say that alcohol negatively affects their academic performance. And …" =「飲酒の影響について本当に考えさせられる情報がたくさんあったわ。例えば、大学生の4人に1人がアルコールが学業成績に悪影響を及ぼすと言っているとか。それに…」と話を続けており、大学のアルコール問題についてがこの会話の主な内容だとわかるはずです。なのでこ

れは選択肢①が正解ですね。

答え	①

問2

リアムは "Sometimes I'm really tired after drinking and I don't get things done, but I don't think that all that bad stuff can happen to me. I usually stop drinking before I get too drunk and blackout." = 「お酒を飲んだ後すごく疲れて色々やり終えられないことは時々あるけど、そういう（エマが言ったような）悪いことは自分には起きないと思うな。普段は飲み過ぎて意識をなくす前に飲むのをやめるから」と言っています。「stop drinking」が聞き取れればわかるはずですね。そして泥酔する前にお酒を飲むのをやめるからアルコールに関する問題は自分に影響がないと考えていることがわかるので、正解は選択肢②ですね。

答え	②

問3

エマが "binge drinking is basically drinking a lot of alcohol in a short amount of time." = 「ビンジドリンキング（暴飲）っていうのは、要はたくさんのアルコールを短時間に飲むことよ」と説明しているので、正解は選択肢④ですね。bingeなんて誰もわからない単語ですが、こういう単語が流れても落ちついて対処しましょう！

答え	④

問4

エマはこう言っています。

"Even drinking socially can lead to dependence on alcohol, because then you feel the need to drink when you're around other people. (中　略) I think peer pressure has a lot to do with it, especially at college. We're all worried about fitting in and making friends, so sometimes we drink more than we need to because everyone else is doing it."

= 「人との付き合いで飲むとしても、アルコール依存につながることがあ

るよ。だって、周りに人がいるとお酒を飲まなくちゃって感じるから。特に大学ではピア・プレッシャー（周囲の人がしていると自分もそうしないといけないと感じること）がアルコール依存に関係があると思う。（中略）私たちみんな、うまく溶け込んで友人を作ることに気をもんでいて、だから時々、必要以上にお酒を飲んじゃうことがあるよね。他のみんなが飲んでるから。」

これは、worried を聞き取れれば大体の意味がわかると思います。

「大学では人と親しくなるためにお酒を飲む必要性を感じることがあるからアルコール依存につながる」と考えていることがわかるので、正解は選択肢③ですね。

> 答え ③

問5

エマは最後に "there are lots of ways to have fun relationships and make friends without drinking." =「お酒を飲まなくても楽しく交流して親しくなる方法はたくさんあるよ。」と言っており、飲酒しなくても人との交流を楽しむことができると伝えていることがわかります。なので、正解は選択肢②ですね。

> 答え ②

ドラゴン英検攻略法

リスニングでは、2人の会話が基本になる文章も多い。その場合、2人の考えがどう「違っているのか」を考えるようにすることで、文章の流れが理解できるようになる。

実践編 リスニング問題2

下線部に当てはまる英語を聞き取り、書きなさい。その上で問題を解いてみましょう。

(Teacher) : So far in our discussion of early American history, we _____ _____ mostly on Europeans: the British, German, and French people who _____ to the Americas and later _____ our country...this country. But they weren't the only people here, were they? And nor were they the first people here in the Americas. So today we are _____ about the story of the Native Americans, or American Indians, who _____ _____ in this land for thousands of years.

But before we _____, let's just _____ about those two names I _____: Native American and American Indian. We _____ them both. What is the difference? Is one better than the other? Let's ___ at the history and meaning of these words and then you can ___ for yourself. So...the word "Indian" was used by Christopher Columbus to describe the people he _____ when he first _____ in the Americas.

The name was really a mistake...he thought he _____ _____ all the way around the world and landed in Asia. That is why he ___ the people here Indians. But the name _____and _____ __ ___ _____ _____ all the native people of America for hundreds of years. The phrase "Native Americans," on the other hand, was not _____until the 1960s. It was _____ _____ _____ mostly by academics: professors and researchers who ___ about American Indians. They ___ that the word "Indian" ___ a negative meaning; it _____ people of cowboys and Indians, wars and that sort of thing.

OK, now that we ___ the historical context of each name, which one should we use? It might look like "Native American" is clearly the better choice; it seems more fair and correct. But if you _____ American Indians, most of them are OK with both, in fact, most still __ __ _____ _____ the word Indian. From their perspective, both names were made up by non-Indians, other people, so one is no better than the other. Just changing a name does not _____ all

151

the terrible injustices by Indians in the past. And it _____ _____ all the problems _____ by Indian communities today. I think that is the real moral of the story.

Anyway...In this class, whenever possible we will _____ the actual names of Indian groups, _____ the Cherokees or Mohawks, rather than ____ them all in one category. Many Indian chiefs and leaders ____ ____ that this is the best way to ____ ____ Native American people. But when we _____ _____ _____ all these people, then either Native American or American Indian is fine.

問1　In the lecture, who are the Native Americans?

① The first Europeans who arrived in the United States.

② People from Asia who immigrated to the Americas to live.

③ People who lived in America before Europeans came.

④ Everyone who was born and raised in the United States.

問2　In the lecture, what is the difference between the "Native Americans" and the "Indians"?

① They are different groups of people from different parts of the United States.

② Native Americans live in the United States while Indians live in Canada.

③ Indians come from Asia while Native Americans come from North America.

④ They are two different names which are used for the same group of people.

問3　Listen again to a part of the lecture. Then answer the question. Why does the teacher say this?

① So that the students know that his last point has a strong message in it.

② So that the students know that he is going to tell them a historical story.

③ So that the students know that the words chosen to use are not important.

④ So that the students know that these names are no longer heard today.

問4　Which of the following best describes this lecture?

① The teacher continues to explain a topic that he began in the last class.

② The teacher introduces a new history topic, then defines some key words.

③ The teacher gives the students directions for a class history assignment.

④ The teacher explains an important event in American history using a story.

問5　What will the teacher probably do next?

① Give the students a test on Native American history.

② Begin his lecture on the history of Native Americans.

③ Tell the story of the first Europeans to arrive in America.

④ Remind students to do their homework for the next week.

ドラゴン英検攻略法

動詞のレベルも高い文章だったと思うが、どうだっただろうか？動詞の語彙をしっかりと復習し、その発音まで含めて覚えるようにすることで、リスニングの点数は安定する。今回難しかった人はぜひ試してみてほしい！

今回は過去分詞の形が多いので、「have」の後ろで何と言っているのかを聞き取らなければならない動詞が多かったですね。

(Teacher) : So far in our discussion of early American history, we have focused mostly on Europeans : the British, German, and French people who came to the Americas and later created our country...this country. But they weren't the only people here, were they? And nor were they the first people here in the Americas. So today we are talking about the story of the Native Americans, or American Indians, who have lived in this land for thousands of years.

「focuse」で「注目を向ける」ですね。講義の最初ではよく聞く動詞ですし、問題の答えのヒントにもなりうる場合が多いので覚えてください。
「create」は「創造する」ですね。文明を作り上げた、となります。ここまで聞き取れれば、アメリカに人々が来て、文明を切り開いた歴史について触れているのだとわかるはずです。

But before we start, let's just talk about those two names I used : Native American and American Indian. We hear them both. What is the difference? Is one better than the other? Let's look at the history and meaning of these words and then you can decide for yourself. So...the word "Indian" was used by Christopher Columbus to describe the people he met when he first arrived in the Americas.

ここは簡単なものが多かったと思いますが、「decide」は気を抜いていると聞き逃したかもしれません。普段「デシード」なんて読んでいる人は絶対に聞き取れないと思いますので、しっかり「ディサイド」と発音することを覚えておいてください。

「arrive」も難しいかもしれませんが、「come」とかそういう何処かから何処かに「来る」という意味の言葉が多いので、そこから類推できればいいと思います。

The name was really a mistake...he thought he had traveled all the way around the world and landed in Asia. That is why he called the people here Indians. But the name stayed and was used to describe all the native people of America for hundreds of years. The phrase "Native Americans," on the other hand, was not used until the 1960s. It was created and used mostly by academics: professors and researchers who wrote about American Indians. They felt that the word "Indian" had a negative meaning; it reminded people of cowboys and Indians, wars and that sort of thing.

「had traveled」は一番聴き取りにくいポイントかもしれませんね。ここも覚えましょう。

「reminded」は「思い出す」という意味ですね。なかなか聞き取り辛いかもしてませんが、覚えてください。

OK, now that we know the historical context of each name, which one should we use? It might look like "Native American" is clearly the better choice; it seems more fair and correct. But if you ask American Indians, most of them are OK with both, in fact, most still prefer to use the word Indian. From their perspective, both names were made up by non-Indians, other people, so one is no better than the other. Just changing a name does not change all the terrible injustices suffered by Indians in the past. And it doesn't solve all the problems faced by Indian communities today. I think that is the real moral of the story.

「prefer to」は「〜することを好む」という意味になります。「使うことを好む」になるわけですね。「suffered」は聴き取りやすいですが、パッと意味がわからない人も多いかもしれません。「被る」ですね。　最後の「face」は動詞だと認識できなかった人も多いのではないでしょうか？　これは「直面する」という意味の動詞ですので覚えてみましょう。

Anyway...In this class, whenever possible we will use the actual names of Indian groups, like the Cherokees or Mohawks, rather than putting them all in one category. Many Indian chiefs and leaders have said that this is the best way to refer to Native American people. But when we wish to discuss all these people, then either Native American or American Indian is fine.

「refer to」は「言及する」という意味の動詞になります。そして、「wish to discuss」は「ディスカッションすることを望む」になります。[~ to ~] の形になっている表現に慣れるように耳を使うようにしましょう！

ということで、いかがでしたか？ これで方向性はわかりましたか？それでは問題の解説に行きたいと思います。

解答

問1

"nor were they the first people here in the Americas.（中略）Native Americans, or American Indians, who have lived in this land for thousands of years." と言っていますね。つまりはネイティブ・アメリカン（インディアン）は、ヨーロッパ人が到達する前からこの地（アメリカ）に長い間住んでいた人々（原住民）だとわかるはずです。正解は選択肢③ですね。

> 答え　③

問2

これは、最初に "Native Americans, or American Indians, who have lived in this land for thousands of years." と言っており、この地（アメリカ）に長い間住んでいた同じグループの人々を指す2つの異なる名前だとわかるはずです。ですから、正解は選択肢④ですね。

> 答え　④

問3

ここはちょっと知識が必要かもしれません。moral of the story は、「学ぶべきこと・教訓」という意味であり、インディアンの呼び名を変えるだけでは彼らのコミュニティが直面する問題を解決することはできないと言った後 "I think that is the real moral of the story."（それがこの話で一番重要な学びです）と言うことで、最後に挙げた点に強いメッセージがあることを学生

にわからせようとしているのですね。これは、「faced」が聞き取れれば解答としてわかったはずです。答えは選択肢①ですね。

答え	①

問4

初めに、"So far in our discussion of early American history, we have focused mostly on Europeans: the British, German, and French people who came to the Americas and later created our country." と言って前回までの話題がアメリカにやって来たヨーロッパ人であることについて触れてから "But they weren't the only people here, were they? And nor were they the first people here in the Americas. So today we are talking about the story of the Native Americans, or American Indians," と言って新しい歴史の話題（ネイティブ・アメリカン／インディアン）を持ち出していますよね。そしてその後、"But before we start, let's just talk about those two names I used: Native American and American Indian." とキーワードの定義をしているのがわかると思います。なので、正解は選択肢②になります。

答え	②

問5

第1段落の終わりの方で "So today we are talking about the story of the Native Americans, or American Indians." と言った後、まず "But before we start, let's just talk about those two names I used: Native American and American Indian." と言ってキーワードを説明していますね。ですから、まだ本題には入っていません。最後の文で「wish to discuss」と言っていたことからも類推できると思います。よって、これからネイティブ・アメリカンについて詳しく話をすると推測でき、正解は選択肢②になります。

答え	②

リスニングは選択肢から中身を類推しよう!

英語のリスニングは学校でも触れる機会が少なく、英語の授業にリスニングまで取り入れようとすると、現実的に時間が足りません。方法を学ばずに勉強をすることは、何の道具を持たずに、無人島に行くのと同じようなもので、何もできずに飢えの苦しさを味わうだけです。今回はリスニングの問題を解く基本的な方法を学んでいきましょう。

英語の試験が始まり45分経ったタイミングで

突然試験会場にリスニング問題の英文が流れる!

1

例えて言うなら街角でいきなり自転車が飛び出してきたようなもの

不意を突かれてドキッとする

2

これは事前に心構えをしておかないとかなり驚く

動揺して集中力を欠いてしまう

3

問題を解いていても
いったん そこで止める

スタートの躓（つまず）きを
防ぐために時計を確認し
開始40分には
リスニングの準備に入る

ゆっくり
深呼吸をして
気持ちを整える

スー

フー

そして
問題文を読む

問題文は
質問の文章と
選択肢に分かれている

問題文と選択肢から会話を予測しよう!

マンガのコマにもあったように、問題文と選択肢を読んで、会話の予測をする、ということが大事になります。以下のことを意識しましょう。

POINT1　先に問題文を見る

まずは問題文を見ます。そこに書いていることを見て、どんなことを聞かれているのかを知りましょう。テーマになりそうなことや、どんな状況なのかが想像できればOKです。

POINT2　選択肢を見て、キーワードを探す

選択肢から内容を想像する時に役に立つのは、以下の3つです。

1つ目　固有名詞

まずは登場する固有名詞です。人の名前とか、地名とかですね。誰がどんなトークをしているのかというのが想像できます。

2つ目　一般動詞

次は一般動詞です。「何をしたのか」ということを理解できるように、動詞には注目をしましょう。

3つ目　副詞

最後は、too・a little・few などの、数量や内容に関する副詞です。副詞は、リスニング問題においてキーになりやすいです。

何回かやると予測ができるようになるのですが、まだ難しいと思うみなさんは、「登場人物になりきってみよう」と思うことがおすすめです。例えば、問題文中にMaryと書かれていたとしましょう。この時、皆さんはMaryになりきってみましょう。Maryは私だと思って、どんなことを聞いているのか、Mary以外の登場人物は誰で、関係性はどうなのか（例えば、友達や親戚など）。自分ごととして問題文を読むだけでも、読みやすさが変わります。

それでは、リスニングは予測できる!　やってみましょう。

理論編 モデル問題

問題

音声を聞いて、問いと選択肢を見て、次の文章を埋めてください。

問　Why, according to the speaker, was Deep Blue able to defeat Kasparov about chess?

A　Kasparov did not take match seriously.

B　Deep Blue was receiving help from some human experts.

C　Deep Blue's processing power was too much for Kasparov.

D　The stress of playing against a computer was too much for Kasparov.

STEP 1
キーワードに
線を引く

STEP 2
名詞から内容を
想像する

この選択肢は（　　　）というチェスをする機械が（　　　）というプレーヤーを破ったのは（　　　）であるか、という問題文である。

STEP 3
一般動詞から
内容を想像する

選択肢を読むと

Aの選択肢は「Kasparovが（　　　）試合をしなかったから」。

Bは「（　　　）が人間の（　　　）から助けを受けていたから」。

Cは「（　　　）の（　　　）がKasparovよりもずっと高かったから」。

Dは「コンピュータと試合をするストレスがKasparovにとって非常に大きかったから」。

STEP 4
副詞から
内容を想像する

これが問題文からわかることである。

　では、解説をしていきます。選択肢からリスニング内容を推測するためには、3つのステップが必要です。

STEP 1 キーワードに線を引く

　まず、どのように問題文を読めば、内容について予想できるのかというと、簡単にいえば「キーワードをピックアップする」という方法がかなり有効です。

　キーワードには3つの種類があります。

　1つは、登場する固有名詞。人の名前とか、地名などですね。

　次に動詞。「何をしたのか」ということを理解できるように、動詞には線を引くとわかりやすいです。

　最後に、too・a little・few などの、数量や内容に関する副詞です。

　この3種類のキーワードにそれぞれ線を引いていきます。

　今回であれば、問題文の Deep Blue と defeat Kasparov と chess には線をひきましょう。

　Aでは、Kasparov と not seriously に線を引きましょう。

　Bでは、Deep Blue と help と experts に線を引きましょう。

　Cでは、Deep Blue と Kasparov と processing power と too much に線を引きましょう。

　Dでは、stress と too much と Kasparov に線を引きましょう。自分ごととして問題文を読むだけでも、読みやすさが変わります。

　それでは、リスニングは予測できる！やってみましょう。

STEP 2 名詞から内容を想像する

　こうして線を引いたら、考えられるストーリーについて、想像していきます。とりあえず今回の場合、問題文のヒントが大きいですね。

　「chess」がテーマであり、「defeat Kasparov」ということは、「Kasparov」がチェスで負けた話なのだということがわかります。

　さて、「Kasparov」さんって、男の人でしょうか？女の人でしょうか？ちょっと今回は難しいかもしれませんが、一応ロシア人の友達がいる人などは、「Kasparov」さんが男性だということはわかるはずです。

　さて、「Kasparov」さんのことをきっと、次の選択肢やリスニングの音声で

は、違う言い方をしていると想像できると、リスニングの推測力がついてきていると言えます。

リスニング中に「he」とか「the man」といった代名詞・名詞に切り替わっても、「ああ、Kasparov さんのことだろうな」と聞き取ることができるわけですね。

STEP 3 一般動詞から内容を想像する

次は一般動詞です。

リスニングにおいて、一般動詞はとてもとても重要です。先ほどリーディングの対策のところでお伝えしたように、動詞は意味の中核になる部分だからです。

日本語で考えてみましょう。

例えば、「私は昨日彼女に話した」と言われたとして、「昨日彼女に話した」「私は昨日話した」なら、なんとなく意味がわかるはずです。

ですが、「私は昨日彼女に」、で話が終わってしまったら、どうでしょう？何を言っているかわからないですよね。「話した」と言う動詞が、この文全体の文脈を決めてしまっているのです。

さて、この話、英語でも当てはまります。

例えば、「I studied English yesterday」という文をリスニングする時を思い浮かべてください。

この中で、主語の「I = 私」は聞き逃してもなんとかなるのではないでしょうか？

前後の文脈で大体誰が言っているのかわかりますし、聞き逃したってことはそこまで特徴的な名前の人物ではないことは明らかだから、「まあ、私かあなたか、どっちかだろうな」とわかります。

次に目的語の「English = 英語」ですが、これも「study = 勉強する」が聞き取れていたらなんとなくわかるかもしれません。だって、「勉強する」ものなわけですから、英語とか数学とか、まあそういう科目なんじゃないかと思うはずです。「yesterday = 昨日」というのも、聞き取れなくても studied が過去形ですから、「まあ過去の話をしているんだろうな」というのはわかるはずです。

でも、動詞のstudiedだけは、聞き逃したら全く話が見えなくなってしまいます。studiedを聞きそびれてしまうと、「え、私が何をしたの？」「昨日なんかしたのはわかったけど、何をしたんだ？」と、話の本筋が全く見えなくなってしまうのです。というわけで、動詞はリスニングにおいて非常に重要なのです。

で、ここからが重要なのですが、選択肢の動詞を確認しておけば、「その人が何をしていたのか」がわかると思います。その上で、その動詞をしっかりと日本語として理解しておいてください。

大抵の場合、選択肢の動詞というのは、そのままリスニングで話されることはありません。リーディングと同じで、表現が別になっていることがほとんどです。

「study」が選択肢なら、「learn」「take[lesson]」という動詞に変換されていたり。

「teach」が選択肢なら、「instruct」「inform」という動詞に変換されていたり。

同じ意味の動詞に変換されていることがほとんどなんです。

なので、とにかく動詞を確認した上で、「どんな動詞に言い換えられているか」を考えていくようにしましょう。

今回なら、「help」ですね。「助ける」という意味の動詞には、「aid」や「assist」などがあります。そして、リスニングを聞く時に「これらの動詞が流れるんじゃないか」という想像をしながら聞けばいいわけですね。

STEP 4 副詞から内容を想像する

最後のポイントは、副詞です。文法を考えるときにはそれほど大事ではない副詞ですが、リスニングのときには非常に重要です。

先ほどもお話ししましたが、不正解になるパターンというのは、「言い換えや言い過ぎ、不足」といった誤りの選択肢になります。それを副詞を使って、表現の強弱や、程度の表現を上手に問題を作ることができるわけですね。今回もtooという表現が2つの選択肢で出ています。too muchは「過度なほどに」という意味になるわけですが、本当に過度なくらいなのかを考えるようにしましょう。

例えば、Kasparovは機械との対局が怖すぎて、途中で一度、退席してしま

った、とリスニングで流れたら、機械との対局のストレスは「とても」大き
かったと十分言えますよね。ただ、なんとなくtooがあるな、と考えるのでは
なく、具体的にどのようなシチュエーションだったらtooと言えるのか考えな
がら問題文を読んでみましょう。

答え この選択肢は（Deep Blue）というチェスをする機械が（Kasparov）と
いうプレーヤーを破ったのは（なぜ）であるか、という問題文である。

選択肢を読むと
A の選択肢は「Kasparov が（本気で）試合をしなかったから」。
B は「（Deep Blue）が人間の（専門家）から助けを受けていたから」。
C は「（Deep Blue）の（処理能力）が Kasparov よりもずっと高かった
から」。
D は「コンピュータと試合をするストレスが Kasparov にとって非常に
大きかったから」。

ドラゴン英検攻略法

実際の問題では、こんな問題文の
説明は載っていない。その代わり
に、選択肢があって、選択肢から
大体の方向性がわかるようになっ
ている。選択肢からの類推力はぜ
ひ高めてもらいたい！

実践編 リスニング問題3

別冊
40ページ

問題

音声を聞き、次の文を読んで、選択肢から答えを選びなさい。Jane と Sho が
フランスに留学することについて話をしています。

STEP 2

名詞から内容を
想像する

問1　What is Jane's main point?

① A native French-speaking host family offers the best experience.

② Having a non-native dormitory roommate is more educational.

③ Living with a native speaker shouldn't be a priority.

④ The dormitory offers the best language experience.

問2　What choice does Sho need to make?

① Whether to choose a language program or a culture program.

② Whether to choose the study abroad program or not.

③ Whether to stay with a host family or at the dormitory.

④ Whether to stay with a native French-speaking family or not.

STEP 3

一般動詞から
内容を想像する

STEP 1

キーワードに
線を引く

STEP 4

副詞から
内容を想像する

STEP 1 キーワードに線を引く

キーワードには3つの種類がありましたね。

「1つ目：固有名詞」「2つ目：一般動詞」「3つ目：副詞」

この3種類のキーワードにそれぞれ線を引いていきます。

名詞は、「a」「the」、そして大文字を探していきましょう。一般動詞は、固有名詞が主語の場合、その後ろが多いですね。

そして今回は副詞が少なそうですが、moreやbestは見つけられますね。これを総合して、こんな感じになります。

問1

①A native French-speaking host family offers the best experience.

②Having a non-native dormitory roommate is more educational.

③Living with a native speaker shouldn't be a priority.

④The dormitory offers the best language experience.

問2

①Whether to choose a language program or a culture program.

②Whether to choose the study abroad program or not.

③Whether to stay with a host family or at the dormitory.

④Whether to stay with a native French-speaking family or not.

STEP 2 名詞から内容を想像する

では次は、名詞からの推測です。問1はこんな感じですね。

「A native French-speaking host family」

→「ネイティブのフランス語話者のホストファミリー」

「non-native dormitory roommate」→「ネイティブではない寮の友達」

ということが書いてあります。問題文には「JaneとShoがフランスに留学することについて」と書いてあるわけなので、留学先でどのような場所に泊まるのか、などについて考えていることがわかります。

さて、「native」「non-native」という言葉が出てきています。

フランスに留学するということは、フランス語のネイティブかどうか、と

いうことでしょう。ということは、これはJaneが、留学先でフランス語をしゃべれるようになりたいのではないか？ということがわかります。

問2では、Shoに関することが書いています。

「a language program or a culture program」

→「言語のプログラムか文化のプログラムか」

という一文がありますね。ということは、言語を知るための留学にするのか、文化についての留学にするのかを悩んでいるということになります。

STEP 3 一般動詞から内容を想像する

次は動詞です。今回、問2は簡単ですね。

「choose」＝選ぶ　　「stay」＝泊まる

となっています。「whether＝～かどうか」という意味の言葉がありますから、「どちらを選ぶのか」「どこに泊まるのか」ということについて悩んでいるのではないか、ということがわかると思います。先ほどの名詞と結びつけて考えると、言語の勉強をするのか、文化の勉強をするのか、という「どんな勉強を留学先で行うのか」について考えるということなのだと思います。

さらに、問1で使われている一般動詞はこちらですね。

「offer＝提供する」

ということは、留学先でどのようなプログラム・体験が提供されるのか、ということについて述べているものだとわかります。

ここまでを総合すると、「留学先でこんなことが行われるよ」ということが明確になるのだと考えることができますね。どこにいけば、どんなことができるのか。それを聞き取るリスニングになりそうです。

STEP 4 副詞から内容を想像する

次は副詞です。2つの箇所に使われていたので、確認しましょう。

more educational ＝「より」教育的

the best language experience ＝「一番の」言語経験

まず、これはどちらも比較の表現です。比較ということは、比べる対象があるということを意味します。

例えば、身長180cmの人は、身長が高いと言えるでしょうか？

　一般的な感覚では「高い」と言えますが、しかし「わからない」というのが正解です。確かに日本人の平均身長よりは高いですが、例えばバスケ選手としては低いかもしれません。

　誰かと比べて、その人の身長が高いか低いか、という議論を行う必要があります。比較というのはそういうものです。ということを踏まえて考えると、1つ目は「ネイティブではない寮の友達を持つことが、他のことよりも、教育的」ということで、また2つ目の方も、「寮に住むことが、他と比べて、一番の言語経験である」ということになります。リスニングの文章で、この比較がどのようになっているのかを聞く必要があるわけですね。

解答

問1

　ここまでの読みの通り、リスニングでは「ネイティブスピーカーと一緒に暮らすかどうか」「どうすれば語学的経験を積めるか」が焦点となっていました。そこにくくって聞けば、答えが出ます。留学先でネイティブスピーカーと一緒に暮らすことにこだわるShoでしたが、Janeは「必ずしもネイティブと一緒に暮らせばいいわけではない」と言っています。ということは、③が正解になりますね。ちなみにリスニングを実際に聞くと、比較的な表現は含まれていませんでした。ということは、②④はそれで自動的に切ることができます。

答え　　③

問2

　こちらも同じ要領で答えを出せます。言語や文化プログラムのことではなく、「どこで誰と共に暮らすのか」に焦点が置かれていたので答えは③になります。

答え　　③

実践編 リスニング問題4

問題　音声を聞き、次の文を読んで、選択肢から答えを選びなさい。

問1　What is Tom's main point?

① Certain dishes are difficult to make.

② Imagination is an important part of cooking.

③ Some ingredients are essential for flavor.

④ Successful recipes include many steps.

STEP 2
名詞から内容を
想像する

問2　What does Julia think about cooking?

① Cooking creatively is more fun than following a recipe.

② Cooking with feeling is the highest priority.

③ It is easy to make a mistake with measurements.

④ Preparing food requires clear directions.

STEP 1
キーワードに
線を引く

STEP 4
副詞から
内容を想像する

STEP 1 キーワードに線を引く

　まずはそれぞれのキーワードに線を引いてみましょう。キーワードの見分け方は、固有名詞や動詞があるかどうかでした。問1は以下のようになります。

① Certain dishes are difficult to make.

② Imagination is an important part of cooking.

③ Some ingredients are essential for flavor.

④ Successful recipes include many steps.

171

be動詞が多くありましたが、そういった場合は直後の名詞や形容詞までを見るようにしましょう。

問2は以下のようになりますね。

① Cooking creatively is more fun than following a recipe.

② Cooking with feeling is the highest priority.

③ It is easy to make a mistake with measurements.

④ Preparing food requires clear directions.

今回は固有名詞が全くなかったので、どんな登場人物が登場するかはわかりませんが、料理に関する話であることはわかりますね。

STEP 2 名詞から内容を想像する

"dishes"や"recipes"などからわかるように、これは料理の話が中心になっているようです。問1ではTomの話の要点が問われています。①は「作るのが難しい料理もある」。②は「想像力が料理には大事」。③は「フレーバーに欠かせない成分がある」。④は「うまくいったレシピには多くの手順がある」。料理を作る際の注意点などについて話しているのかもしれませんね。問2ではジュリアの料理に対する考えが聞かれます。priority「優先」やmeasurements「測定」などに注意しながら読むと良いと思います。

STEP 3 一般動詞から内容を想像する

今回はほとんどbe動詞だったので、情報を読み取るのは難しいでしょう。で"difficult to make"などから料理や工作に関する話題であると読み取れるかもしれませんが、"make"はかなりいろいろな意味を含む動詞なので、これだけでひとつに絞るのは大変危険です。今回は動詞から意味を類推するのはやめたほうがいいでしょう。

STEP 4 副詞から内容を想像する

問2のほうでは、選択肢にmore funとあります。moreということは、より大きい楽しみがあるということになりますね。また「the highest priority」という言葉もあります。「最優先」ということですが、このような比較の表現は

注意しておきましょう。

　ここまでの流れを整理して考えると、つまりは料理するときにレシピ通り作るよりも、自分で作るほうが楽しいと考えているのかどうか、ということが言いたいわけですよね。これがきっと争点になるはずです。そう考えると、問1の選択肢②の「an important part」も、同じような意味ですよね。「レシピ通りにやるのが重要」なのかどうか、と。このように考えておけば、レシピ通りが良いと言っているのか、そうではないのかをしっかりと聞くようにしよう！ということを想像できると思います。

解答

問1

　実際に聞いてみると、オムレツを作る場面でバターが切れてしまった状況であることがわかります。トムはオリーブオイルで代用を考えますが、ジュリアはこれを拒否。彼女にとってレシピをなぞることが最上だからです。最終的に献立を変更しますが、そこでもジュリアは新しいレシピを探すというオチになっています。トムが会話中で"For me, cooking is a creative act."と発言しているので、彼は料理には想像力が伴うと考えていることがわかります。問1の②を見てみると、"Imagination is an important part of cooking."とありますから、これが答えになります。

答え　②

問2

　問2を考えてみると、ジュリアはレシピをなぞることに強くこだわりを持っていました。単語だけ追いかけていると①を選びたくなりますが、これは"Cooking creatively is more fun than following a recipe."で真逆のことを言っているので不正解。答えは④の"Preparing food requires clear directions."「料理の準備には明確な指示が必要だ」となります。

答え　④

新英検
問題攻略

DAY 9

パラグラフを理解しよう！

新英検では、要約の問題が出題されます。この問題に
対する攻略法を身につけるのがこの章の目的です。段
落ごとに要約することになるので、段落で文章の要約を
していく訓練をすることになります。段落の流れを理解し、
要約問題攻略法を掴みましょう！

DAY 10

型通りに要約しよう！

新英検の要約問題において、どんな流れで文章を読解し、
どんな風に言いまとめればいいのかをより具体的・実践
的にやってみる日です。今日まで培ったことを全て使って、
その英文が何を言いたいのかを理解し、要約問題で得
点できるようになりましょう！

パラグラフを理解しよう!

DAY 09

　新英検では、文章を要約することが求められます。　要約とは、すべてのパラグラフのトピックセンテンスを見つけて、そこを引っ張ってくることです。その方法について、マンガではこのように描かれています。

9日目 パラグラフを理解しよう！

4段落だから四つのトピックセンテンスを探そう

① Dinosaurs lived on earth for more than 140 million years. Then, about 65 million years ago, they died out. All the dinosaurs died out almost at the same time! Why? No one knows. Scientists can only use second-hand evidence to find out what happened.

② At first scientists thought that dinosaurs grew too big to live. One of the dinosaurs, for example, weighed about 80 tons but its brain was as big as a dog's. Some scientists say that perhaps the big animal was too stupid to live long.

③ But it did not explain why many dinosaurs were able to live long in the first place. When the big dinosaurs died out, quite small dinosaurs died out, too.

④ Scientists looked for other reasons for the dinosaurs' death. Some scientists thought that the animals ate new plants which were poisonous. Other scientists said that small mammals and insects made dinosaurs die out. The mammals ate their eggs, and the insects destroyed the green leaves which were the food for many dinosaurs.

1段落目はWhyに注目質問提起だよね

英文は、風早寛 著『速読英単語 入門編』（Z会出版）より引用しています。

① Dinosaurs lived on earth for more than 140 million years. Then, about 65 million years ago, they died out. All the dinosaurs died almost at the same time! Why? No one knows. Scientists can only use second-hand evidence to find out what happened.

2段落目は一文目だね

② At first scientists thought that dinosaurs grew too big to live. One of the dinosaurs, for example, weighed about 80 tons but its brain was as big as a dog's. Some scientists say that perhaps the big animal was too stupid to live long.

3段落目も始めだよbutがあるね

③ But it did not explain why many dinosaurs were able to live long in the first place. When the big dinosaurs died out quite small dinosaurs died out too.

4段落目もやっぱり始めだね

④ Scientists looked for other reasons for the dinosaurs' death. Some scientists thought that the animals ate new plants which were poisonous. Other scientists said that small mammals and insects made dinosaurs die out. The mammals ate their eggs, and the insects destroyed the green leaves which were the food for many dinosaurs.

＼「段落のはじめと終わり」＆「接続詞」が重要／

このマンガの通り、「各パラグラフのトピックセンテンス」というのは、「段落のはじめと終わり」と、「接続詞」を探していくことが重要です。

POINT 1 そもそも要約とは？

要約とは、「文章を短く言いまとめたもの」のことを指します。 1つ注意しなければならないのは、「要約」と「要旨」の違いです。この違いを理解していないと、この問題は0点になってしまう可能性があります。

要旨は、「著者が言いたいこと」をまとめることです。例えば次の文章を見てみましょう。

「昨日は、自宅で幸子さんとお肉料理を食べた。だから自分はちょっと胃がもたれてしまっていて、ガッツリしたものは食べることができないと思う。なので、今日は、比較的ヘルシー目な、あっさりした料理が食べたい。」

こういう文があったときに、これを書いている人が言いたいことは「あっさりした料理が食べたい」ですよね。ですからこの文の要旨は「著者はあっさりした料理が食べたい」になります。

それに対し、要約は「全体を短く言いまとめたもの」です。要旨は端的に「言いたいこと」を書けばよかったので昨日の出来事とか「なぜガッツリしたものが食べられないのか」などを削っても成立しているのに対して、要約は「短くする」ことが求められます。さっきの例で言えば、「著者は昨日ガッツリと料理を食べたので、今日はあっさりした料理が食べたいと考えている」と言いまとめるのが1つの正解になります。英文で言えば、すべてのパラグラフを読んで、各パラグラフのトピックセンテンスをまとめることが求められるのです。

POINT 2 パラグラフはどのように分かれている？

各パラグラフには、1つの「言いたいこと」が書いてあります。1つのメッセージが書いてあって、2つ目のメッセージを伝えたい時には次の段落に行く傾向があります。ですので、各パラグラフを読んで、どんなメッセージがあるのかを確認し、まとめなければなりません。そのメッセージの理解をするために重要なのが、トピックセンテンスを理解することです。そのための方法こそが、「段落のはじめと終わり」と、「接続詞」、というわけです。

DAY 9 理論編 モデル問題

問題　45~55語程度で要約しなさい。

　When students go to college, some decide to live at home with their parents and others decide to rent an apartment by themselves. There are other choices, too. These days, some of them choose to share a house with roommates.

　What are the reasons for this ? Some students have a roommate who is good at　math or science and can give advice about homework. Other students have a roommate from abroad and can learn about a foreign language through everyday conversations. Because of this, they have been able to improve their foreign language skills.

On the other hand, some students have a roommate who stays up late at night and watches TV. This can be noisy and make it difficult for others to get enough sleep. Some students have a roommate who rarely helps with cleaning the house. As a result, they have to spend a lot of time cleaning the house by themselves.

STEP 1
第1段落のメッセージは？
「段落のはじめと終わり」＋「接続詞」

STEP 2
第2段落のメッセージは？
「段落のはじめと終わり」＋「接続詞」

STEP 3
第3段落のメッセージは？
「段落のはじめと終わり」＋「接続詞」

問1　第1段落の要約を、次の文に合う形で英語でしてください。

In the first paragraph, the writer says that＿＿＿＿＿＿＿＿＿＿＿＿.

問2　第2段落の要約を、次の文に合う形で英語でしてください。

In the second paragraph, the writer says that＿＿＿＿＿＿＿＿＿＿＿.

問3　第3段落の要約を、次の文に合う形で英語でしてください。

In the third paragraph, the writer says that＿＿＿＿＿＿＿＿＿＿＿.

さて、こちらは実際に英検が提示している「こういう問題を出します！」というものです。要約の問題になっていますね。

先ほどもお話ししましたが、要約問題は「すべての段落をきちんと言い換える」必要があります。「第1段落でこんなことが語られていて、第2段落ではこんなことが言われていた」というようなことを、きちんと順序立てて説明していかなければなりません。「第2段落の内容は、あんまり著者は語りたい内容じゃないんじゃないか」となったとしても、しっかりとすべてを説明し切るようにしなければならないのです。それこそが、「要約」だと言えます。

ここまで「要約」というものを丁寧に説明したのには理由があります。それは「要約になっていないと見なされたら0点」だからです。ちゃんと問題文にも書いていますよね。「要約になっていない」と見なされないために、しっかり要約の定義を理解しなければならないわけですね。

ちなみに言うまでもないことですが、「感想」を書いても0点です。普通の英作文の要領で「自分はこう思う」なんて書いた日には、どんなにがんばっても0点になってしまいます。気をつけましょう。

というわけで、「各パラグラフのトピックセンテンス」を掴んで言いまとめることが必要になってきます。そしてそのために、「段落のはじめと終わり」と、「疑問詞・接続詞」を探していくことが重要だ、と。ですので、第1段落から順番に、トピックセンテンスになり得るメッセージを探していきましょう。

STEP 1 第1段落のメッセージは？

まず重要なのは、「段落のはじめと終わり」を見ることですね。といってもこの段落は3つの文しかないので、ざっくりでいいので見てみましょう。

最初は、「When students go to college,」から始まっています。ということは、「学生が大学に行き始める時に」ということですね。どうやら大学に行く学生たちについての文のようです。

そして注目するべきは、最後の文です。

「some of them choose to share a house with roommates.」

要するに、「ルームメイトと共にシェアハウスする人がいる」ということで

すね。ここで、「them」がなんなのかはわからないわけですが、段落の最初で「学生が」って言っているのですから、これは「students」だということがわかるはずです。ここが第1段落で言いたいことですよね。

ですから、ここは簡単です。

問1　答え

In the first paragraph, the writer says that some of students choose to share a house with roommates.

になります。

STEP 2 第2段落のメッセージは？

次の文は、「What are the reasons for this ?」から始まっています。つまり、「この理由はなんだろうか？」ということです。

「この理由」というのがわかりにくいかもしれませんが、第1段落の最後で「ルームメイトと共にシェアハウスする人がいる」と言っているのですから、「なぜルームシェアをするのか」という理由だということは明確です。

そしてこの文は、「what」からスタートしています。このように、最初が疑問文でスタートしている段落というのは、「その答えがその段落で書かれている場合」が圧倒的に多いので、覚えておきましょう。この答えはなんなのかを探しながら読むことで、第2段落をうまく要約することができるようになります。そう思って、段落を読み進めると、こんなことが書いてあります。

「They have been able to improve their foreign language skills.」

「彼らの外国語の能力を高めることができる」と書いていますね。ということは、「外国語能力を高めることができるから」だと考えることができます。

ですからこれが答えの1つにはなってくるのですが、しかしよく考えてみましょう。これだけでいいのでしょうか？

例えばみなさんは、「好きなものは何？」と聞かれて、「うーん、アイスとか、フルーツとか、パフェとか」と答えている人がいた時に、「なるほど。パフェ

が好きなんだね」と返す人はいないでしょう。確かにパフェが好きだとは言っていますが、それは答えの1つでしかなく、実際は「パフェも含めて、甘いものが好き」と言っているんですよね。そういう目線で、その間にある文も読みましょう。

a roommate who is good at math or science and can give advice about homework.

訳：数学や科学が得意なルームメイトで、宿題についてアドバイスをくれる。と書いています。

　先ほどは外国語の能力について述べていて、今は数学や科学の話をしている……ということは、要するに「いろんな科目の勉強がはかどる」ということを述べているんですよね。ただ、「勉強がはかどる」を英語に直すのはなかなか難しいですね。ここで、DAY 5 を思い出してください。「勉強がはかどる」を簡単な日本語に直すと、何になるのでしょう？

　「能力が上がる」とかでいいのではないでしょうか。そうすると、答えは、以下のようになります。

問2　答え

In the second paragraph, the writer says that sharing a house has benefits because they can improve their skills.

STEP 3　第3段落のメッセージは？

　さて、次の段落のスタートも象徴的ですね。

On the other hand, some students have a roommate who stays up late at night and watches TV.

　「On the other hand」は「一方で」ということですね。この時点で、ある程度もう見えることがあります。DAY2でもお話しした通り、文には流れがあります。いろいろ言った後で、今までのことを否定して、言いたいことにつなげていく、という流れです。

　ここからが本当に著者が言いたいことがやってくるわけです。

さて、その内容は、「何人かの学生は、夜遅くまで起きてテレビを観ているルームメイトを持つ」となっています。これがトピックセンテンスなのでしょうか？　ここで難しいのは、これをトピックセンテンス・メインメッセージであると解釈してしまうとすべてがパーだということです。もちろんこれは、トピックセンテンスであることは確かなのですが、しかし「答えの1つ」でしかないんです。先ほどのパフェの例を思い浮かべてください。この、「ルームメイトが夜遅くまで起きてテレビを観ている」というのが、パフェのような具体例でしかありません。今までの流れを考えてみましょう。

第1段落では「最近、ルームシェアが増えているよね」と語られていました。
第2段落では「なぜ増えているのか？」について語られていました。
そしてその理由は「数学や科学・英語の能力が向上する」でした。

それに対して、「一方で、ルームメイトは夜遅くまで起きることもあり、学生は睡眠がなかなか取れない」となっていいのでしょうか？

違いますよね。それはただの具体例で、「ルームシェアにはデメリットもある」ということを語りたいんですよね。今までルームシェアを選ぶ人が増えていて、メリットもあるという話をしていたから、逆の話をしているだけです。

実はこれ、英語の要約問題でよくある流れなのです。

第1段落　導入・説明・話題の提供
第2段落　話題に対する肯定意見やメリット
第3段落　話題に対する否定意見やデメリット

ちなみに、2023年7月6日に「英検リニューアルのお知らせ」が発表された際に、2級・準1級・1級の英検の要約問題が出題されたのですが、そのすべてが上記のものでした。というか、もっというと、公開された3問の問題ともに、「第1段落　導入・説明・話題の提供」→「第2段落　話題に関するメリット・肯定意見」→「第3段落　話題に対するデメリット・否定意見」だったのです。今後、このようになっていくことは自明だと思います。

さて、ということでここでは、「ルームシェアは、ルームメイトが原因で問題が発生する可能性がある」ということが書かれているとわかります。これを先ほどの要領で簡単な日本語に直してみましょう。「問題が発生する」は「ト

ラブルが起こる」などの言葉で説明できるかもしれませんから、「ルームメイトのせいで、トラブルが起こるかもしれない」となります。

問題3　答え

In the third paragraph, the writer says that sharing a house has risks because roommates may cause trouble.

　まとめると、要約の答えは以下になります。

問題　要約答え

In the first paragraph, the writer says that some of students choose to share a house with roommates.

In the second paragraph, the writer says that sharing a house has benefits because they can improve their skills.

However, in the third paragraph, the writer says that sharing a house has risks because roommates may cause trouble.

ドラゴン英検攻略法

そしてなにより楽しく学んで身につけること！

要約問題は、まずは破れかぶれでもいいから、書いてみることが重要だ。もし「書けない」となったら、一度日本語で書いてみてもいいかもしれない。日本語で書いた上で、それを英語に直そうとしてみるというのは、英作文では鉄則だと言える。

問題　45~55語程度で要約しなさい。

From the 1980s to the early 2000s, many national museums in Britain were charging their visitors entrance fees. The newly elected government, however, was supportive of the arts. It introduced a landmark policy to provide financial aid to museums so that they would drop their entrance fees. As a result, entrance to many national museums, including the Natural History Museum, became free of charge.

STEP 1
第1段落のメッセージは？
「段落のはじめと終わり」+「接続詞」

Supporters of the policy said that as it would widen access to national museums, it would have significant benefits. People, regardless of their education or income, would have the opportunity to experience the large collections of artworks in museums and learn about the country's cultural history.

STEP 2
第2段落のメッセージは？
「段落のはじめと終わり」+「接続詞」

Although surveys indicated that visitors to national museums that became free increased by an average of 70 percent after the policy's introduction, critics claimed the policy was not completely successful. This increase, they say, mostly consisted of the same people visiting museums many times. Additionally, some independent museums with entrance fees said the policy negatively affected them. Their visitor numbers decreased because people were visiting national museums to avoid paying fees, causing the independent museums to struggle financially.

STEP 3
第3段落のメッセージは？
「段落のはじめと終わり」+「接続詞」

問1　第1段落の要約を、次の文に合う形で英語でしてください。

In the first paragraph, the writer says that＿＿＿＿＿＿＿＿＿＿＿＿.

問2　第2段落の要約を、次の文に合う形で英語でしてください。

In the second paragraph, the writer says that＿＿＿＿＿＿＿＿＿＿＿.

問3　第3段落の要約を、次の文に合う形で英語でしてください。

In the third paragraph, the writer says that＿＿＿＿＿＿＿＿＿＿＿.

STEP 1 第1段落のメッセージは？

まずは、第1段落を読んでみましょう。

難しい単語はいろいろありますが、最初と最後が重要だということは何度も述べていると思います。そしてその観点で見てみると、実は最後の文を見ると、「As a result」と書いています。「結論」と言ってくれているのであれば、第1段落の結論が書いてあるはずで、そこさえわかってしまえば第1段落は理解できると言っていいでしょう。

As a result, entrance to many national museums, including the Natural History Museum, became free of charge.

「結論として、国立の博物館が無料になった」ということですね。これが最初の段落の結論です。

問1答え	In the first paragraph, the writer says that people can enter national museums (in Britain) with no entrance fee.

となりますね。一応、「これはどこの話なのか」ということだけ補足して、「(in Britain)」も入れておくといいと思います。

STEP 2 第2段落のメッセージは？

次は、第2段落を見てみましょう。ここでも、最初と最後を見て考えてみます。

Supporters of the policy said that as it would widen access to national museums, it would have significant benefits.

訳：この政策の支持者らは、国立博物館へのアクセスが広がるため、この政策には大きなメリットがあると述べた。

ということです。つまりは、この段落では「この政策はメリットがある」ということについて書かれていくんだろうな、ということがわかりますね。そして、「この政策」の中身は何かといえば、第一段落の「国立の博物館が無料に」というものだと考えられます。「国立の博物館が無料にメリットがある」ってことですよね。　さらに、最後の文で「opportunity to experience」とか

「learn about ~ history」とか書いてあります。「経験の機会」「歴史を学べる」
……やっぱり、ミュージアムに行けば美術品と触れ合う機会を得たり、その
国の歴史を学べたりするような経験ができる、ということを言っていますよね。
これをまとめると、以下のようになります。

> 問2
> 答え
> In the second paragraph, the writer says that
> national museums are expected to give/provide
> people a chance of learning art and history by the
> policy.

STEP 3 第3段落のメッセージは？

そして第3段落です。最初には、接続詞が使われていますので要チェック
です。

Although surveys indicated that visitors to national museums that became
free increased by an average of 70 percent after the policy's introduction ,
critics claimed the policy was not completely successful.

「Although」という否定の言葉が書いてありますよね。実は英検の英文は、
このように第3段落で否定の接続詞が書いてあることはとても多いのです。
ですから、ここの内容は重要です。よく読むと、最後のところで書かれてい
ることには「この政策は完全な成功ではないと思っている」となっています。
先程の2段落目で「メリット」について述べたということは、ここからはデ
メリットが述べられるんじゃないかと考えることができますね。

その上で、書いていることとしては「visitor number」が「decrease」とい
うことでした。「訪れる人が減っている」ということなのだそうですが、「無
料になったのになんでだろう？」と思いますよね。

さらに後ろの方を読んでいくと、「to avoid paying fee」となっています。「お
金を払うのを避ける」となっています。んん？無料になったのでは？と思っ
てよくよく読んでみると、「independent museum」と書いているのがわかり
ます。independentは「独立」という意味ですから、「私営の博物館」ですね。

これがどういうことを意味するか、わかりますか？「お金を払うのを避けて、

私営の博物館の売り上げが下がった」ということです。ということで、これを英語に直して、

> 問3
> 答え
> In the third paragraph, the writer says that new visitors do not go to museums and the number of visitors to independent museums is decreasing.

まとめると、要約の答えは以下になります。

> 問題
> 答え
> In the first paragraph, the writer says that people can now enter national museums in Britain with no entrance fee.
> In the second paragraph, the writer says that national museums are expected to give/provide people a chance of learning art and history by the policy.
> However, in the third paragraph, new visitors do not go to museums and the number of visitors to independent museums is decreasing.

ドラゴン英検攻略法

そしてなにより楽しく学んで身につけること！

メリットの話をしているということは、次にデメリットの話になるんじゃないか、というのは、リーディングでも使えるテクニック！流れをしっかりと捉える訓練をして、これらの問題に対応できるようにしよう！

問題　45〜55語程度で要約しなさい。

In today's rapidly changing world, the importance of education cannot be overstated. Education serves as the foundation for personal growth, professional success, and societal progress. It empowers individuals with knowledge and skills that enable them to adapt to new challenges and contribute to the betterment of their communities.

Education encompasses a broad spectrum of formal and informal learning experiences, from traditional classroom settings to online platforms and practical hands-on training. It not only imparts academic knowledge but also fosters critical thinking, creativity, and problem-solving abilities. Moreover, education plays a pivotal role in promoting social cohesion and cultural diversity.

In conclusion, education is a powerful tool that has the potential to transform lives and societies. It is a fundamental human right that should be accessible to all, regardless of their background or circumstances. As we face the challenges of the 21st century, investing in quality education, lifelong learning opportunities, and educational equity is essential for building a more inclusive, innovative, and prosperous world for future generations.

STEP 1

第1段落のメッセージは？
「段落のはじめと終わり」＋「接続詞」

STEP 2

第2段落のメッセージは？
「段落のはじめと終わり」＋「接続詞」

STEP 3

第3段落のメッセージは？
「段落のはじめと終わり」＋「接続詞」

問1　第1段落の要約を、次の文に合う形で英語でしてください。
In the first paragraph, the writer says that＿＿＿＿＿＿＿＿＿＿＿.

問2　第2段落の要約を、次の文に合う形で英語でしてください。
In the second paragraph, the writer says that＿＿＿＿＿＿＿＿＿＿＿.

問3　第3段落の要約を、次の文に合う形で英語でしてください。
In the third paragraph, the writer says that＿＿＿＿＿＿＿＿＿＿＿.

STEP 1 第1段落のメッセージは？

なんだか難しそうな英文ですが、落ち着いて頭と終わりから読んでいきましょう。

はじめは

In today's rapidly changing world, the importance of education cannot be overstated.

終わりは

It empowers individuals with knowledge and skills that enable them to adapt to new challenges and contribute to the betterment of their communities.

と書いてあります。なんとなく「教育についての話なのかな」と思えるのではないでしょうか。

初めの文章が「今日の急速に変化する世界において、教育の重要性はどれほど強調してもしすぎることはない」とありますから、ここからもメイントピックがわかるでしょう。第1段落の第2文と第3文は教育が個人や社会に対してもたらす効能が書いてあります。となれば、ここで要旨として述べるべきは「現代において教育は重要だ」「教育は個人や社会にとって良い結果をもたらす」と書ければいいのではないでしょうか。

> **問1**
> **答え**　In the first paragraph, the writer says that the importance of education has improved and education has positive outcomes for individuals and society.

STEP 2 第2段落のメッセージは？

はじめの文章を見てみましょう。

Education encompasses a broad spectrum of formal and informal learning experiences, from traditional classroom settings to online platforms and practical hands-on training.

とあります。「教育には従来の教室での環境からオンラインプラットフォーム

や実践的な実用トレーニングまで、公式非公式問わず幅広い学習経験が含まれる」。

では、最後の文章も見てみましょう。

Moreover, education plays a pivotal role in promoting social cohesion and cultural diversity.

ですね。「さらに、教育は社会の団結や文化的な多様性を促進するうえで極めて重要な役割を果たす」。ちなみに第2文では「教育は知識のみならずクリティカルシンキングや創造性などの能力も育てるものだ」と指摘されています。

これらから考えれば、第二段落の要旨は「教育は知識だけではなく幅広い教養を与えるものだ」といえるでしょう。ですので、ここの答えは、こうなります。

> 問2
> 答え
> In the second paragraph, the writer says that education provides not only knowledge but also a broad range of liberal arts.

STEP 3 第3段落のメッセージは？

第3段落は頭に注目です。In conclusion とあるので、明らかにまとめに入っています。第1段落では「教育は大事だ」、第2段落では「教育はこういうものだ」と語られてきたので、第3段落では、「だから教育は大事だ」と来そうだな、と予想しておきます。実際に、ここからの段落では、教育が21世紀において果たす役割とその重要性についてが語られています。

英作文をするうえで重要なのは、あらかじめ日本語である程度言いたいことの方向性を決めてしまうことです。今回も、なんとなくでいいので、舵をとってみましょう。今回は、「教育はすべての人の人生と、社会を変えられる必要不可欠なものだ」くらいにまとめてみましょう。

> 問3
> 答え
> In the third paragraph, the writer says that education is necessary because it can change everyone's life and society.

まとめると、要約の答えは以下のようになります。

問題答え	Education is essential in our rapidly changing world, empowering individuals with knowledge and skills for personal, professional, and societal advancement. It fosters critical thinking, creativity, and social cohesion while promoting diversity. Education is a fundamental human right that should be accessible to all, crucial for building an inclusive, innovative, and prosperous future.

9日目 パラグラフを理解しよう！

ドラゴン英検攻略法

そしてなにより楽しく学んで身につけること！

この要約の問題は、多くの受験生にとってとても難しいものになるだろう。逆に言えば、ここで点数が取れれば、他と差がつくポイントになる。ぜひがんばって攻略できるようにしよう！

型通りに要約しよう!

　要約するときに重要なのは、文章の型を理解することです。トピックセンテンスを見抜きつつ、どこにキーワードがあるのか、どんな流れで文章が作られているのかを考える必要があります。ドラゴン桜では、この型について国語の中で触れられています。どこにキーワードがあるのかについての講義です。見ていきましょう。

要約は「タイトル」「最初と最後」「具体と抽象」!

　このマンガの通り、文章の要約として使えるポイントとなるキーワードは、「タイトル」「最初と最後」の2つを見るといいと言われています。

　新英検の英文はタイトルがついていません。ですが、多くの文章では最初に登場することがタイトルのように機能しています。

　DAY9で扱った問題だと、「When students go to college, some decide to live at home with their parents and others decide to rent an apartment by themselves.」で始まっており、「ああ、学生が実家から通うか一人で住むかについて語っているんだな」とわかります。これがタイトルのように機能していて、そこから文章が「実家暮らしか一人で住むか」というテーマとして流れていることがわかるのです。

　ということで、重要なのは「文章の最初からテーマを掴みつつ、最初と最後に注目する読み方」です。

　その上でもう1つ、要約をしていく上で重要なポイントがあります。それは、「具体と抽象」をしっかり切り分けて考えることです。

具体 具体的な説明・例。話の理解を進めるためのものであり、なくても成立する。要約では使わないポイント

抽象 著者が言いたい、抽象的な内容。それがないと成立しないポイント要約で使えるポイント

　例えば、「ぼくは、チョコレートや飴・マシュマロなどの甘いお菓子が好きだ」と言ったら、「チョコレートや飴・マシュマロなど」は、文としてはなくても成立する具体的な話ですよね。それに対して「僕は甘いお菓子が好きだ」というのが、具体的な説明とは違って、言いたいことになります。それがないと文として成り立たず、要約でも使えるポイントになってきます。

　文を読むときに、この具体と抽象を意識するようにすると、文章が読みやすくなり、要約もやりやすくなるはずです。ぜひ試してみましょう!

問題　45〜55語程度で要約しなさい。

STEP 1
文章の最初から
テーマを掴む

　I want to talk about one movie whose name is Clueless. After leaving the Clueless movie viewing this past Sunday, I remembered that there are two types of movies in the world: movies that you watch once only to forget a year later, and movies that remain classics for years to come. The 1995 movie Clueless is a classic. Clueless follows a rich and popular teenager as she deals with school, relationships, and her big group of friends and enemies. She loves shopping, being popular, and other shallow things, but she cares even more about helping the people around her - even if others don't always agree.

STEP 2
段落の最初と
最後に注目する

　Some viewers might think the movie only makes sense if you saw it in the 1990s. Indeed, Clueless is filled with jokes and phrases that people just don't say anymore, yet the audience was filled with laughter throughout the entire movie! So why is a movie with so many old phrases still so loved after all these years?

While some people would say it's because of the lovable characters, extremely funny writing, and strong, independent women, I believe that this movie shows that even people who seem shallow can make a difference if they have a good heart. That will never go out of style.

問1　第1段落の要約を、次の文に合う形で英語でしてください。

In the first paragraph, the writer says that＿＿＿＿＿＿＿＿＿＿＿＿＿＿＿.

問2　第2段落の要約を、次の文に合う形で英語でしてください。

In the second paragraph, the writer says that＿＿＿＿＿＿＿＿＿＿＿＿＿.

問3　第3段落の要約を、次の文に合う形で英語でしてください。

In the third paragraph, the writer says that＿＿＿＿＿＿＿＿＿＿＿＿＿.

さて、いかがでしょうか？ではここから解説をしていきたいと思います。

STEP 1 文章の最初からテーマを掴む

I want to talk about one movie whose name is Clueless. つまりは「クルーレスという名前の映画について話したい」ですね。すごくシンプルに、これがテーマなのだとわかるはずです。

「そんなの当たり前じゃないか」と思うかもしれませんが、これ、意外と重要です。というのも、普通の英文であれば、「クルーレスという名前の映画」って、具体的な説明ですよね。「Aという名前の映画と、Bという名前の映画と、Cという名前の映画などの、こういう系統の映画が自分は好きなんだ」という説明をするための具体例として扱うものだと思われます。

でも、この場合は違うのです。「クルーレスという名前の映画」が主題なのです。このように、具体と抽象というのは、その文章によって変わってきます。意識を変えられるようにしてみましょう。

STEP 2 段落の最初と最後に注目する

第1段落の最初は先ほど見ましたが、第1段落の最後は読みましたか？
She loves shopping, being popular, and other shallow things, but she cares even more about helping the people around her - even if others don't always agree.

これは、具体的なクルーレスの説明みたいです。「彼女」というのは主人公の女の子なのでしょう。そう考えると、「こんな映画だよ」という説明をしているだけですね。ということは、ここはただの説明であり、具体例です。ちょっとここは要約のポイントにならなさそうです。第1段落は普通に、「クルーレスというのは良い映画」ということなのでしょう。

では、第2段落はどうでしょう？　まずは最初を見てみましょう。
Some viewers might think the movie only makes sense if you saw it in the 1990s.
訳：1990年代に見たときでしか意味が通じない映画だと思うかもしれない。

ですね。さて、ここまで読んでいただいている人ならわかると思うのですが、これは否定されやすい一般論です。「some」「might」となっていますから、これは「実は時代を越えて愛されるんです！」ということの伏線だとわかります。

そして、第2段落の最後はこうなっています。

So why is a movie with so many old phrases still so loved after all these years?

つまりは、「なぜこの映画のことを、多くの世代が時を越えて愛するのか？」ですよね。やっぱりこの映画は、時代を越えて愛されるとわかります。これは1つポイントになりそうです。第2段落の要約は、「多くの世代の人々が時を越えて愛する」ということについて触れていれば良いと思います。

第3段落は、最初の1文が長くて理解しにくいですね。

最後だけ見ると、「That will never go out of style.」となっています。「これは時代遅れにはならない」となっています。

では、「これ」を調べてみましょう。すると、前の行の、「even people who seem shallow make a difference if they have a good heart」だとわかります。「浅はかな人でも、いい心を持っていれば、人の役に立つ」ということですね。このメッセージをクルーレスという映画では伝えてくれているとわかります。そして、だからこそ時代遅れにならないんですね。これで第3段落の要約もできるようになるはずです。

ということで、ここまでわかれば、この問題は簡単ですね。

答えは以下のようになります。

解答

問1　答え

クルーレスは（作者が好きな）良い映画だ。

In the first paragraph, the writer says that Clueless is a good movie（and he likes it）.

問2　答え

クルーレスは時代を超えて愛される映画だ。

In the second paragraph, the writer says that Clueless is loved over times.

問3　答え

クルーレスは、浅はかな人でも、いい心を持っていれば、変われるというメッセージを伝えてくれるから、世代を超えて愛されている。

In the third paragraph, the writer says that Clueless tells us the message that even people who seem shallow make a difference if they have a good heart, and so Clueless is loved by people of all ages.

| 問題 答え | In the first paragraph, the writer says Clueless is a good movie. In the second, Clueless is loved over times. In the third, Clueless tell us the message even people who seem shallow make a difference if they have a good heart, and so Clueless is loved by people of all ages. |

ドラゴン英検攻略法

「最初と最後」は、本番だとどれくらい当てはまるかどうかはわからない。が、3つ段落があったら、1つは必ず当てはまると言っていいだろう。それくらいの意識で、ぜひ最初と最後に注目する読み方をしてみてもらいたい。

実践編 新英検問題3

別冊
46〜47ページ

問題　45~55語程度で要約しなさい。

STEP 1
文章の最初から
テーマを掴む

　Do you know how old the water you are using is? Look at a bottle or glass of water near you. In fact, the water in it is as old as the earth itself. Since the earth has a limited amount of water, the same water is used over and over again. This process is called the "Water Cycle."

In the "Water Cycle," water travels from the land to the sky and then returns back to the land. There are four stages in the journey of water: evaporation, condensation, precipitation, and collection. In the first stage, the sun's energy heats up bodies of water (like oceans and lakes). The water then "evaporates," or rises, into the air. Even more water rises to the air from plants. Next, the water in the air gets cold and makes clouds. This is called "condensation." When these clouds meet other clouds, they become too heavy to stay in the air. So all the water in the clouds pours out and falls back down to the earth. You see this all the time whenever it rains or snows, and it is called "precipitation."

STEP 2
段落の最初と
最後に注目する

　The last part of the cycle, "collection," happens once the water has fallen back to the earth. Some of the water returns to oceans, lakes and rivers. The rest of the water gets "collected" into the ground to become groundwater, which is used to grow plants. Of course, cycle begins all over again when the water in these plants and oceans rises back into the sky. So you really are using the same water that has been on the earth since day one.

問1　第1段落の要約を、次の文に合う形で英語でしてください。
In the first paragraph, the writer says that＿＿＿＿＿＿＿＿＿＿＿＿＿＿.

問2　第2段落の要約を、次の文に合う形で英語でしてください。
In the second paragraph, the writer says that＿＿＿＿＿＿＿＿＿＿＿＿.

問3　第3段落の要約を、次の文に合う形で英語でしてください。
In the third paragraph, the writer says that＿＿＿＿＿＿＿＿＿＿＿＿.

さて、いかがでしょうか？　ではここから解説をしていきたいと思います。

STEP 1 文章の最初からテーマを掴む

まずは最初を見てみましょう。

Do you know how old the water you are using is?

訳：あなたは、今あなたが使っている水が何年くらい使われているものか知っていますか？

ですね。つまりは、テーマは「水」についてなのだとわかります。「水」についての話が続くことがわかりますし、例えば「水はこうです」「火はこうです」「草はこうです」という具体例が並んで「ということでelementというのはこういうものです」という説明がされるわけではないことはわかるはずです。

そして、「何年使われている？」という問いが根本にあるみたいですね。これは覚えておきましょう。

STEP 2 段落の最初と最後に注目する

つぎに、第1段落の終わりではこんなことが書かれています。

This process is called the "Water Cycle."

訳：このプロセスは、「水周期」と呼ばれている。

ということは、「水は何年も何年も使われていて、それは水周期と呼ばれている」ということがこの段落で言いたいことなのだとわかりますね。第1段落のまとめとしてはこの程度で十分でしょう。

では第2段落を見ましょう。

In the "Water Cycle," water travels from the land to the sky and then returns back to the land.

訳：「水周期」の中で、水は大地から空へと旅をして、そしてその後大地へと還る。

ということですね。水の周期が一言で説明されています。この後できっと具体的にどのようにして空に行くのか、空から大地に戻るのかについて触れられているんだろうな、というのがわかります。もっとも、その説明自体は具体的なものなので、いったんここではスルーして大丈夫でしょう。

では、第2段落の終わりも見てみましょう。

You see this all the time whenever it rains or snows, and it is called "precipitation."

訳：あなたはこれを、雨や雪が降っているときにはいつでも見ることができて、これは「降水」と呼ばれている。

となっています。どうやら、水が大地に戻るまでの流れが書かれているみたいです。先ほどの読みと同じですね。ですからここでは、最初に言っていたのと同じく「水周期の中で、水は大地から空へと旅をして、そしてその後大地へと還る」と言いたいのだとわかります。

さらに第3段落のスタートを見てみましょう。

The last part of the cycle, "collection," happens once the water has fallen back to the earth.

訳：このサイクルの最後は「回収」と呼ばれ、水が一度大地へと還ることになる。

となっています。水周期は、大地から空に行き、空から大地に行き、最後に大地の下に潜ることになるのだということがわかりますね。

さらに最後ではこんなことが書かれています。

So you really are using the same water that has been on the earth since day one.

訳：だから、あなたは最初から地球に存在した同じ水を使っていることになる。

ですね。これは「水周期」というものについて触れているのですが、その上でもう1つわかることがあります。

それは、「Do you know how old the water you are using is?」に対する解答になっているということです。「Qいつからの水を使っている？」「A 地球が始まったときからの水を使っている」という流れになっているわけです。最初と最後で話がつながっている文章は多いですが、そうした文章の中で伏線が回収されていることに気づけると、中身がよく理解できると思います。

ということで、第3段落は「水周期の最後は『回収』であり、このサイクルによって水は永遠になくならない」というようなことが書ければ正解にな

るでしょう。

　ということで、答えは以下のようになります。

問1	水は循環して使われており、水周期と呼ぶ。
答え	In the first paragraph, the writer says that the same water is used over and over again and this process is called Water cycle.

問2	水周期の中で、水は大地から空へと旅をして、そしてその後大地へと還る。
答え	In the second paragraph, the writer says that water goes from the land to the sky and then returns back to the land.

問3	水周期は最後、大地へと戻り、このサイクルによって水は永遠になくならない。
答え	In the third paragraph, the writer says that the water has fallen back to the earth and so we use the same water eternally.

　まとめると、要約の答えは以下のようになります。

問題	In the first paragraph, the same water is used over and over again and
答え	this process is called Water cycle. In the second, the water goes from the land to the sky and returns back to the land. In the third, it has fallen back to the earth and so we use it eternally.

実践編 新英検問題4

別冊
48〜49ページ

問題　45〜55語程度で要約しなさい。

STEP 1
文章の最初から
テーマを掴む

Why isn't school enough? Some might ask this question when looking at all the juku, known as "cram schools," in Japan. It is said that thirty percent of all Japanese students attend juku.

The number of juku-attending students continues to rise as more parents start looking at juku for their children before they start high school. In the past, students would start attending juku after their bukatsu (after-school activities) in the second year of high school, in order to prepare for college entrance examinations. Recently, however, out of fear that one year of exam preparation will not be enough to get into a prestigious school, parents are taking the safer route and forcing their children to enter cram schools at an earlier age. According to a survey, sixty percent of parents think their kids need juku and an education outside of what is offered by the public elementary school system.

STEP 2
段落の最初と
最後に注目する

As we move towards a society based on talent and intellect rather than wealth, a child's future depends not only on getting into college but also getting into the right college. Previously, preparation to get into the right college consisted of spending 1-2 years at yobiko, a school for post-graduate high school students to prepare for college entrance examinations. However, now college preparation seems to begin earlier, starting with elementary school. Now it seems that the child's future depends not only on getting into the right college but also getting into the right juku during elementary school. This leaves us to think : how can these children "enjoy" school life if every day after school, they must attend another "school."

問1　第1段落の要約を、次の文に合う形で英語でしてください。

In the first paragraph, the writer says that _____.

問2　第2段落の要約を、次の文に合う形で英語でしてください。

In the second paragraph, the writer says tha _____.

問3　第3段落の要約を、次の文に合う形で英語でしてください。

In the third paragraph, the writer says that _____.

さて、いかがでしょうか？　解説をしていきたいと思います。

STEP 1 文章の最初からテーマを掴む

Why isn't school enough?

訳：学校だけで十分ですか？

　うーん、これだけだとわからないですね。こういう時は、その直後の文を読んでいきましょう。

Some might ask this question when looking at all the juku, known as "cram schools," in Japan.

訳：この質問は塾（"cram schools,"として知られている場所のこと）にをみて
　　いるときにいつも聞かれるものだ。

　となっています。ということは、塾がテーマになっているということがわかりますね。

　ぼんやりと次の段落を見てみると、「juku」という固有名詞が何度も登場しています。ということは、この文章は塾について触れているということがわかりますね。これがテーマになることでしょう。

STEP 2 段落の最初と最後に注目する

　第1段落の最後は、

It is said that thirty percent of all Japanese students attend juku.

訳：30％の日本の学生が塾に行っていると言われている。

　となっています。ということで、この段落では「日本の学生には塾に行く人がいる」ということが書かれていることがわかります。

　第2段落の最初は、

The number of juku-attending students continues to rise as more parents start looking at juku for their children before they start high school.

訳：高校に入学する前から子どものために塾を検討する親が増えていて、そ
　　れと並行して塾に通う生徒の数は増え続けている。

　となっています。これが第2段落ではメインの流れになってくるのでしょう。最後を見ても、それと同じ流れになっています。

According to a survey, sixty percent of parents think their kids need juku and an education outside of what is offered by the public elementary school system.

訳：調査によると、60％の親が自分の子供には塾や公立小学校制度以外の教育が必要だと考えている。

やはり、「塾に通わせたほうがいいと考えている親が多い」というのがメインテーマになってくるみたいですね。

第3段落も見てみましょう。

As we move towards a society based on talent and intellect rather than wealth, a child's future depends not only on getting into college but also getting into the right college.

訳：私たちが富ではなく才能と知性に基づいた社会に移る中、子どもたちの将来は大学に入学することだけでなく、『適切な』大学に入学することにもかかっている。

となっています。「As~ wealth,」までは、前提の共有ですからただの具体的説明です。そして、「not only A but also B」の文も、「AではなくB」という文なので、「not only」のすぐ後も、要約としてはあまり使わなくて良いポイントになります。これは知識として覚えておきましょう。

重要なのは、「but also getting into the right college.」です。「子どもたちの将来は『適切な』大学に入学することにもかかっている」となっています。「大学に行ければどこでも良いのではなく、良い大学に行かないといけない」ということですね。

さて、今までの流れをみていれば、この話がなぜ出てきたのかわかるはずです。「塾にいかせたいという親御さんが増えている理由」が登場したわけですね。

そして最後を見てみましょう。

This leaves us to think : how can these children "enjoy" school life if every day after school, they must attend another "school."

訳：このことから、私たちは、もし毎日放課後に別の「学校」に通わなけれ

ばならないとしたら、この子供たちはどうやって学校生活を「楽しむことができる」のかを考えさせられます。

これはつまり、「塾に通いながらだとなかなか学校を楽しむことができない人が増えている」という話になりますね。ということで、第3段落は「良い大学に行かないといけない子供たちは、なかなか学校を楽しめない」ということが語りたいのだとわかります。

ということで、答えは以下のようになります。

問1 答え	日本の学生には塾に行く人がいる。 In the first paragraph, the writer says that some Japanese students go to juku.

問2 答え	塾に通わせたほうがいいと考えている親が増えている。 In the second paragraph, the writer says that the number of parents in Japan who think it is better to send their children to juku is increasing.

問3 答え	良い大学に行かないといけない子供たちは、なかなか学校を楽しめない。 In the third paragraph, the writer says that Japanese children who must go to good university don't have much fun in school.

まとめると、要約の答えは以下のようになります。

問題 答え	In the first paragraph, the writer says some Japanese students go to juku. In the second, the number of parents in Japan who think it is better to send their children to juku is increasing. In the third, Japanese children who must go to good university don't have much fun in school.

10日目 型通りに要約しよう！

本書掲載英語問題 単語リスト

DAY 1　理論編　モデル問題
（本冊16ページ）

Play　名詞：演劇

Run　自動詞：（演劇などがある程度の時間）続く、上演される

Greet　他動詞：挨拶する

Hand in　他動詞＋副詞：提出する

DAY 1　実践編　リーディング問題1
（別冊4ページ、本冊22ページ）

Fertilizer　名詞：肥料

Deal with　自動詞：対処する・処理する

Point out　他動詞＋副詞：指摘する・目を向ける

Dung　名詞：糞

Harmful　形容詞：有害な

Place　他動詞：置く

Soil　名詞：土・土壌

Side-effect　名詞：副作用

Pros　名詞：賛成

Cons　名詞：反対

DAY 1　実践編　リーディング問題2
（別冊8ページ、本冊26ページ）

Solstice　名詞：至（summer solstice で夏至・winter solstice で冬至）

Faith　名詞：信仰

Emerge　自動詞：出現する

Beard　名詞：ひげ

DAY 2　理論編　モデル問題
（本冊34ページ）

Get stuck　自動詞：嵌って動けなくなる

Blinding　形容詞：（痛み・感情などが）激しい

Cruel　形容詞：残酷な・無慈悲な

Fate　名詞：運命・宿命

Incident　名詞：出来事・事件

Scheme　名詞：構想・悪巧み・陰謀

Subconscious　形容詞：潜在意識の・無意識の

Endeavour　名詞：努力・試み

Odds　名詞：勝ち目・勝算

Eager　形容詞：切望している

Cope　自動詞：処理する・対処する

DAY 2　実践編　リーディング問題3
（別冊12ページ、本冊40ページ）

Definition　名詞：定義

Self-centered　形容詞：自己中心の、利己的な

Unity　名詞：一致・調和

Attractive　形容詞：感じの良い・魅力的な

Emphasize　他動詞：強調する・目立たせる

Desire　他動詞：欲する・強く望む

DAY 2　実践編　リーディング問題4
（別冊14ページ、本冊44ページ）

Determine　他動詞：決定する

Unpolluted　形容詞：汚染されていない・清浄な

Pass　他動詞：（法案などを）通す、可決する

Rely　自動詞：信頼する・当てにする

DAY 3　理論編　モデル問題
（本冊52ページ）

Origin　名詞：起源
Critical　形容詞：重要な・決定的な
Conflict　名詞：対立・争い

DAY 3　実践編　リーディング問題5
（別冊16ページ、本冊59ページ）

Procedure　名詞：手順・手続き
State　名詞：州・国家
Short　形容詞：短縮した
Permit　名詞：免許証
Multiple　形容詞：多様な・複数の
Exempt　形容詞：免除される

DAY 3　実践編　リーディング問題6
（別冊20ページ、本冊66ページ）

Continent　名詞：大陸
Presence　名詞：存在・存在感
Eventually　副詞：最終的に
Replace　他動詞：取って代わる

DAY 9　実践編　新英検問題1
（別冊42ページ、本冊186ページ）

Charge　名詞：代金
Entrance fee　名詞：入場料
Landmark　形容詞：画期的な・重要な
Struggle　自動詞：奮闘する

DAY 9　実践編　新英検問題2
（別冊44ページ、本冊190ページ）

Overstate　他動詞：誇張する
Serve　自動詞：役に立つ

Encompass　他動詞：包含する・網羅する
Spectrum　名詞：範囲・領域
Practical　形容詞：実践的な・実用的な
Hands-on　形容詞：実践的・実地体験の
Impart　他動詞：分け与える・授ける
Foster　他動詞：育む・発展させる
Pivotal　形容詞：中心的な・極めて重要な
Cohesion　名詞：団結（力）・結束（力）
Prosperous　形容詞：豊かな・裕福な

DAY10　理論編　モデル問題
（本冊198ページ）

Clueless　形容詞：無知な・無能な
Shallow　形容詞：浅薄な・浅はかな

DAY10　実践編　新英検問題3
（別冊46ページ、本冊202ページ）

Evaporation　名詞：蒸発
Condensation　名詞：凝結・凝縮
Precipitation　名詞：降水・降雨・沈殿
Pour out　自動詞：溢れ出す・流れ出る

DAY10　実践編　新英検問題4
（別冊48ページ、本冊206ページ）

Cram school　名詞：学習塾・予備校
Prestigious　形容詞：名門の・名声のある

　これからのグローバル化する世の中において、英語力は「あった方がいいもの」から「なくてはならないもの」へと変わってきています。

　現在、いろんな大学のアドミッションポリシーを見ると、ほぼ全ての大学・学部が学生に対して「国際性」や「グローバルなコミュニケーション能力」を求めていることがわかります。大学の授業も英語で行われることがベーシックになってきており、就職の際にも、英語力を高く評価する企業が増えており、もはや逆に、英語力がない人を評価しないようにすらなっています。

　英語力は、これからを生きる若者たち全てに必須な能力になってきているのです。そして、「英語を使いこなせるようになりたい」という考えを持つときに、基準がなくてはなかなかがんばれないと思います。そう考えると、その点において、英検というのは1つの大きな指標になります。多くの人が挑戦していて、英語における4つの技能を測ってくれて、何歳からでも、何回でも受験することができる。本書は、そんな英検の攻略を通して、「本当に英語力」を身につけてもらうことを意図して開発させていただきました。「英検の勉強はテストで点を取るための勉強だから、本当の英語力とは違う」なんてよく言われていますが、そんな事はありません。テストで点を取る力も、外国で実際に英語を話す時の力も、等しく「本当の英語力」です。ペーパーテストを攻略しようと努力する中で見えてくることは、実際に英語を活用するときに必要となる能力・「本当の英語力」を育ててくれるものになります。

　本書を通して、多くの人が英語に対して前向きになってもらえれば、こんなに嬉しい事はありません。

相佐優斗

英検の攻略は、東大受験と似ているな、と本書を作っていて思いました。今回ご紹介した通り、英検の勉強は多岐に渡ります。リーディングにリスニング、ライティング……様々な問題形式があって、なかなか攻略が大変です。でも、そのどれもが、どこかでつながっています。独立しているわけではなく、1つの能力を問うために、いくつもの問題が作られているイメージです。東大受験も、いろいろな科目があるけれど本質的には問うものは変わらない入試でした。

　そしてだからこそ、英検も東大入試も、いろいろなものを一気に勉強した方が成果が上がるのです。

　『ドラゴン桜』では、「無理をするなら短期間で！」ということが語られています。時間を区切って、その時間内に一定の能力を身につけられるように努力する中でこそ、学力は一気に伸びていくのだ、と。

　まさにその言葉が、英検でも当てはまります。「短期間で攻略できる」のではなく、「短期間だからこそ、攻略できる」のです。

　そして、その瞬発力は、英検以外にも、きっと当てはまっていくのではないかと思います。この本で英検を攻略したみなさんなら、この成功体験をもとに、いろいろな他の試験でも結果を出せるようになるはずです。

　本書の10日間を通して、ぜひ、他の分野でも羽ばたいていただければと思います！

西岡壱誠

著者・監修者プロフィール

孫辰洋 Tatsuhiro Son

リザプロ株式会社代表取締役社長。早稲田政経卒。大学進学時には、清華大学・早稲田大学（政治経済学部など4学部）に合格。周囲からはアジアで最難関の清華大学に進学するよう勧められるも、早稲田大学政治経済学部に進学することを決断。進学に際しては「教育で日本を強くする」という思いが決め手となった。自身の経験から英語教育や体験学習等を設計し、オンラインで提供する日本最大級のオンライン教育塾であるクラウド教育グループを設立、累計1万5000人の受験生の英語指導や総合型選抜（AO）、海外大学受験入試の相談にのり、指導をしてきた。メディアではABEMA Primeレギュラーも務める。

西岡壱誠 Issey Nishioka

株式会社カルペ・ディエム代表。偏差値35から東大を目指すも、現役・一浪と、2年連続で不合格。崖っぷちの状況で開発した「独学術」で偏差値70、東大模試で全国4位になり、東大合格を果たす。そのノウハウを全国の学生や学校の教師たちに伝えるため、2020年に株式会社カルペ・ディエムを設立。全国の高校で高校生に思考法・勉強法を教えているほか、教師には指導法のコンサルティングを行っている。また、YouTubeチャンネル「ドラゴン桜チャンネル」を運営、約1万人の登録者に勉強の楽しさを伝えている。著書『東大読書』『東大作文』『東大思考』『東大独学』（いずれも東洋経済新報社）はシリーズ累計40万部のベストセラーになった。

相佐優斗 Yuto Aisa

クラウドEnglish塾長。早稲田大学社会科学部卒。幼少期、親の転勤によりアメリカ・オハイオ州に6年間滞在。英検取得後、TOEFL95点を取得。英語資格を活かし早稲田大学社会科学部に合格。また、高校時代、全国スピーチコンテストで優勝。その後、自身の英検・受験にまつわる経験を通して、全国の生徒に高いレベルの教育を届けたいとの思いから、大学2年生時、孫辰洋と共にリザプロ株式会社を創設し、英検特化塾クラウドEnglishを創設した。著書に『3か月で英検準1級をとる！』がある。

監修	孫辰洋

マンガ	三田紀房（『ドラゴン桜』『ドラゴン桜2』）
装丁・本文デザイン	熊谷昭典（SPAIS）
DTP	田端昌良（ゲラーデ舎）
校正	宮本俊夫
編集人	安永敏史（リベラル社）
営業	澤順二（リベラル社）
広報マネジメント	伊藤光恵（リベラル社）
制作・営業コーディネーター	仲野進（リベラル社）

編集部　尾本卓弥・中村彩・木田秀和

営業部　津村卓・津田滋春・廣田修・青木ちはる・竹本健志・持丸孝

ドラゴン桜公式 10日で攻略　ドラゴン英検®2級

2024 年 3 月 25 日　初版発行

2024 年 6 月 12 日　2 版発行

著　者	西岡壱誠・相佐優斗
発行者	隅 田 直 樹
発行所	株式会社 リベラル社
	〒460-0008　名古屋市中区栄 3-7-9　新鏡栄ビル 8F
	TEL 052-261-9101　FAX 052-261-9134　http://liberalsya.com
発　売	株式会社 星雲社（共同出版社・流通責任出版社）
	〒112-0005　東京都文京区水道 1-3-30
	TEL 03-3868-3275
印刷・製本所	株式会社 シナノパブリッシングプレス

謎解きミステリー　東大クロスワード

（A5 判／ 320 ページ／フルカラー／ 1500 円＋税）

中学受験の第一歩は
クロスワードと謎解きで楽しく学ぶ！

中学受験で必要な国語・算数・理科・社会・英語の５教科から出題される重要な語句 1200 を、クロスワードで無理なく楽しく学べます。また、クロスワードを解きながら、５つの事件をキーワードを集めながら解決していきます。中学受験の第一歩として最適な一冊です。

ドラゴン桜 公式 **10日で攻略**

ドラゴン英検®級

実践問題編

別冊の使い方

別冊は「問題編」となっています。本冊の
理論編でしっかりと理解したあと、別冊の
問題を解いてみましょう。解き終わったら、
本冊の解説をみて、理解を深めてください。
DAY7、DAY8はリスニング問題になります。
音声を聞き取る際は、「実践編リスニング
問題」ページにあるQRコードをスマート
フォンなどで読み取って使用してください。

CONTENTS ドラゴン桜公式 10日で攻略 ドラゴン英検®2級 別冊

リーディング問題

ライティング問題

リスニング問題

新英検問題

問題　次の文を読んで、後の問に答えなさい。

Fertilizers

Using fertilizers is an issue that the world must deal with. Fertilizers are chemicals that are added to make plants grow better. They can be given directly to the plant, or put in the ground around the plant. It is important to point out that there are natural fertilizers, like animal dung and vegetables. However, most farming today uses chemical fertilizers, and many people argue that these can be harmful to humans and the environment.

For example, because chemical fertilizers are often placed in the ground, those chemicals can travel into the water. This means that people's drinking water can be affected. It also means that the fish and animals living in lakes and rivers can be harmed. There is also some proof that chemical fertilizers change the soil as well, harming the growth of future plants.

On the other hand, chemical fertilizers are easy, cheap and effective. They are made to have quick results and can be used at any time. In places where it is difficult to grow food, fertilizers are very useful. Additionally, as the world's population increases, growing food cheaply and quickly will be more and more necessary. In fact, to supply enough food globally in 2050, the world's farmers will have to grow about 70% more than what is produced currently. Should the focus be on possible side-effects to the environment or more on being able to feed society?

問1　What is the passage mainly about?
① The pros and cons of fertilizers.
② The history of fertilizers.
③ The science of fertilizers.
④ The future of fertilizers.

問2　In paragraph 2, the following are reasons why chemical fertilizers are bad EXCEPT?
① They can harm humans through the drinking water.
② They can harm fish and animals in lakes and rivers.
③ They make plants smaller and the food taste worse.
④ They harm the soil so it is harder to grow in the future.

問3　According to paragraph 3, why might using fertilizers be necessary?
① The population is increasing.
② The population is decreasing.
③ Plants and animals are increasing.
④ Plants and animals are decreasing.

STEP 1 まずはタイトルから類推しよう！

答え

STEP 2 問題を見て、どんな情報が必要なのかを整理しよう！

答え

問 1

問 2

問 3

STEP 3 選択肢を読んで、動詞を整理しよう

答え

　問2

※今回は問2のみでOK!

STEP 4 課題文を読んで問いの答えを探そう！

答え

　問1

　問2

　問3

問題　次の文を読んで、後の問に答えなさい。

Christmas Day

It is easy to forget that Christmas was originally about the birth of Jesus Christ. In the 2,000 years since Christ was born, this holiday has changed and spread around the world. Today, Christmas is a national holiday in almost every country. Each of these places has its own traditions for the day. In Mexico, families make large paper characters filled with candy that children hit with sticks until the sweets fall out. In Spain, children leave their shoes in the window filled with food for horses. Even in countries with few Christians, the day has special sales and other events. In Japan, for example, young people go out with their friends and give each other presents. Christmas today is more than a religious holiday; it is a cultural event for the entire globe.

No one knows when Jesus Christ was actually born, but most historians agree it was around 5 B.C. For many years, the Christian church did not have a single date for Christmas. By the 4th century, the Catholic Church had decided on December 25 and began to celebrate the holiday every year. In Eastern Europe, most churches had Christmas on January 6, a tradition which continues today. It is not clear why these dates were chosen. Many cultures have major holidays around this time, possibly because there is less work to do in the winter and people had more free time. December 25 may have been chosen because it was the winter solstice, the shortest day of the year.

For most of its history, Christmas was a day to go to church. It was about faith in God and the church, not lights, gifts, and shopping. These traditions emerged later. We know that in the 15th century, it was common to hang green leaves on buildings and homes during the Christmas season. By the 17th century, Christmas in England included eating, dancing, singing, and playing games. The Christmas tree was not introduced until the 18th century. One of the most recent additions to Christmas was Santa Claus, the large man with red clothes and a white beard who delivers gifts to all the good girls and boys. He is based on an older tradition from northern Europe, but the modern image of Santa Claus was created in the United States in the 19th century. All of these new traditions have changed the meaning of Christmas, which is now a holiday about family, food, and gifts as much as religion. In the United States, families that don't go to church often still have a Christmas tree with lights and gifts. Always changing, Christmas has found a way to fit into every country and culture on earth, from the birth of Christ to the beginning of the 21st century.

問1　What does the author say about the date of the Christmas holiday?

① It is on the day that Jesus Christ was actually born.

② The date of Christmas has changed many times.

③ December 25 was also the shortest day of the year.

④ In Africa, most churches have Christmas in January.

問2　When was the Christmas tree tradition first introduced?

① The 4th century.

② The 15th century,

③ The 18th century.

④ The 19th century.

問3　What does the passage imply about the development of Christmas?

① Most modern Christmas traditions developed between 1400-1800.

② It has not developed any new traditions since the 17th century.

③ Most Christmas traditions developed before the year 1000.

④ Christmas will not continue to change and develop in the future.

STEP 1 まずはタイトルから類推しよう！

答え

STEP 2 問題を見て、どんな情報が必要なのかを整理しよう！

答え

問1

問2

問3

STEP 3 選択肢を読んで、動詞を整理しよう

答え

問3

※今回は問3のみでOK!

STEP 4 課題文を読んで問いの答えを探そう！

答え

　問1

　問2

　問3

In Japanese television programs, we see a commentator at one side of the small screen and an assistant at the other. The commentator is usually male and middle-aged. The assistant is usually female, young and often pretty. He comments on various topics, and she assists. However, she assists so little that, to our eyes, she might as well not be there at all. She only nods at the camera when he makes his various statements, and says *So desu ne* when he makes an important point. She never presents an idea of her own. To many Americans watching these two, the situation might seem quite strange indeed. We are certainly used to double commentators, but usually each commentator really comments and both are equals. In this common style of Japanese television, the pretty girl seems absolutely unnecessary. We fail to understand her role. Yet she has a very important one.

A commentator is, by definition, giving his opinion. In the West this is quite enough. In Japan, however, to give an opinion in public is to appear too self-centered, and this is a fault in a society where unity of opinion is an important value. The attractive, nearly silent, young assistant emphasizes this value. Her nods and expressions of agreement indicate that he is not alone in his opinion and that therefore he is not merely self-centered. Rather, he is stating a truth, since at least one person agrees with what he says. At the same time she introduces harmony by indicating that we all agree — after all, it is to us that she is nodding — and the desired unity of opinion has already been reached.

問題　文章に書かれていた内容と合致するものを1つ選んでください。

① Author thinks that the assistant play an important role.

② The assistant told a lot of opinion.

③ Americans don`t think that the assistant unnecessary.

④ In Japan, giving an opinion in public is popular.

STEP 1 「よくある話」を見つけ出そう！

答え

STEP 2 「よくある話」の否定を探そう！

答え

STEP 3 「よくある話」の否定の、具体的説明を探そう！

答え

STEP 4 ここまで踏まえて、選択肢の答えを出そう！

答え

What is the best way to protect the environment? Basically, there are two groups who give two different answers to this question. The answers they give depend on how they think the worth of nature can be determined. One group insists that the value of an untouched rain-forest, for example, or of an unpolluted river, simply cannot be calculated in terms of money. Such things, they therefore argue, must be protected from any industrial or economic use. Thus, they think the best way of saving the environment is to pass strong laws against pollution and the unwise use of nature.

The other group, however, says that it is better to rely upon market forces to achieve the same goal. They believe that it is possible to calculate how much the environment is worth; for example, according to their figures, pollution costs Europe five percent of its GNP. They think that this cost should be paid by those who cause the pollution. In other words, companies should be taxed according to how much pollution they cause, so that they will be encouraged to use cleaner technologies and make cleaner products. If they don't do this, they will go out of business, because if polluting products cost more, people will buy fewer of them. Pollution taxes of this kind would send a signal to industrialists and consumers that pollution does not make economic sense, while the prevention of pollution does.

問題　文章に書かれていた内容と合致するものを1つ選んでください。

① A lot people think that company should be taxed according to how much pollution they cause.

② Pollution taxes must lead to protect the environment.

③ Pollution and market force are incompatible.

STEP 1 「よくある話」を見つけ出そう！

答え

14

STEP 2 「よくある話」の否定を探そう！

答え

STEP 3 「よくある話」の否定の、具体的説明を探そう！

答え

STEP 4 ここまで踏まえて、選択肢の答えを出そう！

答え

問題　文章を読んで、選択肢を選んでください。
**　　　その際に、以下の3つに注意しましょう。**

STEP 1	notや否定的な表現があったら線を引き、本当に否定されているかを確認
STEP 2	固有名詞に線を引き、別の固有名詞を警戒
STEP 3	数量表現・比較の表現に線を引き、その数量が合っているか、別の表現に注意

Getting a driver's license can be one of the best moments in a person's life. However, the procedure of actually getting a license can be different in each country. For example, it is interesting to look at the process of getting a driver's license in America compared to getting one in Japan.

In most states of America, you can drive once you turn sixteen. A year before this though, you can start "Driver's Ed," which is short for: "driver's education" classes. Part of this includes driving on the road with an instructor. You can also get a "driver's permit," which allows you to drive, but only if there is someone who is licensed beside you in the car. This way, you can practice your driving. Depending on which state you live in, there are a certain amount of hours you need to practice driving before you can take the driving test. If you are older than 18, you also have an option of getting a driver's license without going to a driving school. Actually, many people choose to get a license without it. Generally, getting a license in the U.S. won't cost much money. If you decide to get a license without going to a school, you can get one for less than 5,000 yen! Even if you go to a driving school, it would only cost anywhere between 20,000 to 80,000 yen.

In Japan, the rules are not the same and it is usually a very expensive process. You can only get your driver's license once you reach the age of 18. You can also get a driver's permit to practice driving, like in the U.S., but only after you turn 18 years old. Most people in Japan go to a driving school to get a license, and it usually costs around 240,000 yen. To save money, some people decide not to do this, but it is difficult to get a license without going to one. It is possible, but many people who do not go to a driving school first fail the driving test multiple times.

問1　What is this article mainly about?

①How to pass the different driving tests in countries like Japan and America.

②A comparison of how to get a driver's license in Japan versus in America.

③The differences in road rules and traffic signs between Japan and America.

④A survey of different license laws from various countries around the world.

答え

問2　What does a driver's permit allow you to do?

①Get a license from an earlier age with no limitations.

②Be exempt from taking the written driving test.

③Drive with a person in the car who holds a license.

④Pass the driving test in Driver's Ed more quickly.

答え

問3　In paragraph 2, what does the author mean by, Depending on which state you live in, there are a certain amount of hours you need to practice driving before you can take the driving test?

① All states have the same amount of practice hours required for the test.

② Even though states have different rules, it doesn't matter for the test.

③ Most states require the same amount of practice hours before the test.

④ Laws about how many hours are needed are different in each state.

答え

問4　Which of the following is true about getting a license in Japan?

① Getting a license in Japan is usually cheap.

② Many people easily pass their driving test.

③ People can get a license at the age of 18.

④ Many people decide not to go to driving school.

答え

問題　文章を読んで、選択肢を選んでください。その際に、以下の3つに注意しましょう。

> **STEP 1** notや否定的な表現があったら線を引き、本当に否定されているかを確認する。
>
> **STEP 2** 固有名詞に線を引き、別の固有名詞を警戒する。
>
> **STEP 3** 数量表現・比較表現に線を引き、その数量が合っているか、別の表現に注意する。

Two thousand years ago, the continents of Europe and Asia had two great centers of power. In the west, the Roman Empire controlled a huge area of land from northern Europe down to the top of Africa. In the east, China was developing a strong central state with a rich material culture and many new technologies. In between them were thousands of miles of mountains and dry land, in what is today western China, Afghanistan, and Kazakhstan. This area had little drinking water and farming was very difficult, so there were few villages and roads. For thousands of years, people in Europe and East Asia had little communication and trade, but around 100 B.C., this situation changed because of the "Silk Road."

In truth, there was no single road from China to Europe, rather, there was a network of roads and towns across central Asia that made it possible to deliver goods over such a long distance. The western section of this network had existed for many centuries, allowing horses and vehicles to travel between Europe, North Africa, and India. The Eastern half was created as the Chinese joined together with a single government and began to increase their presence in central Asia. There is no clear date for the beginning of the Silk Road, but by the first century A.D., trade between China and the west had become a big business.

The Silk Road is named for the special silk cloth produced in China and traded in the west for gold and other goods. Silk was very popular in the Roman Empire, but it was not the only item traded along the Silk Road. Plants, animals, metals, stones, glass, and other goods were also delivered between east and west. Most of these goods were traded many times along the way, so they usually arrived in the hands of a professional trader from India or the Middle East. These people who lived along the Silk Road benefited greatly from the silk trade, which brought money and goods into their cities. People also traveled along the Silk Road, and brought with them their cultures, ideas, religions, and even diseases. Buddhism was first introduced to China because of the Silk Road, which also brought many new technologies to Europe and Africa.

The Silk Road was most important between 100-1000 A.D. After this period, trade slowly went down because of wars and changing governments across central Asia. Travel by land became more difficult, and was eventually replaced by ocean travel. Once ships from Europe found a way to China, it was easier to send goods by boat than by road. The Silk Road may not be used today, but it has affected the history of all Asian and European peoples.

問1　What is the passage mainly about?

① A kind of cloth that was popular in Rome and produced in China.

② The importance of boats to trade between Asia and the West.

③ A trade road that connected China and the western world.

④ The history of the Roman Empire and its network of roads.

答え

問2　Why was travel between China and Europe difficult?

① There are many large rivers and mountains in Central Asia.

② China did not have a government that controlled the trade.

③ There was no communication between Europe and India.

④ There were many mountains and dry lands in Central Asia.

答え

問3　Which of the following best describes the historical importance of the Silk Road?

① It allowed Roman citizens to wear silk cloth instead of wool.

② It connected all the cultures of Asia and Europe for the first time.

③ It created towns and cities in the mountains of Central Asia.

④ It brought diseases back and forth between Europe and China.

答え

問4　Why did the trade through Silk Road eventually slow down?

① Because the western world lost interest in silk and other items from Asia.

② Because war and other political changes made it difficult to travel by land.

③ Because Chinese business people found the trade with Russia very unfair.

④ Because people hated all the new diseases traveling through the Silk Road.

答え

問題

　以下のTOPICについて、あなたの意見とその理由を2つ書きなさい。語数の目安は 80~100語です。

　解答がTOPICに示された問いの答えになっていない場合や、TOPICからずれていると判断された場合は、0点と採点されることがあります。

TOPIC

Nowadays, more people are moving from urban to rural.
Do you think this is a good idea?

ただし、今回は次の表現を使って書いてみましょう。

- those who
- place high value on
- A has a 形容詞 effect on –
- become more common

答え

実践編 ライティング問題2

本冊
90〜93ページ

問題

　以下のTOPICについて、あなたの意見とその理由を2つ書きなさい。語数の目安は80〜100語です。

　解答がTOPICに示された問いの答えになっていない場合や、TOPICからずれていると判断された場合は、0点と採点されることがあります。

TOPIC

Today, more and more people put solar panels on their houses or farms to produce electricity. Do you think this is a good idea?

ただし、今回は次の表現を使って書いてみましょう。

・tend to/be likely to

・lead to

・such as

できれば、これも使って挑戦してみよう！！

make a more careful decision

答え

問題　次の文を英語に直したい。
①私の父は、単身赴任だ。
②私は寝つきが悪い。
③日本語だと思っている言葉でも、実は外来語というのが多い。

問１　①〜③を、簡単な日本語で説明をしてください。

①私の父は、「　　　　　　　　　　　　　　　　　　　　　　」。

> 答え

②私は、「　　　　　　　　　　　　　　　　　　　　」。

> 答え

③「　　　　　　　　　　　　　　　　　　　　　」。

> 答え

問2　簡単な日本語で説明した各文を、英語に直してください。

① My father

答え

② I

答え

③

答え

問題　次の文を英語に直したい。
①私は出不精だ。
②私の家は農家だ。
③遅刻しないように釘を刺した。

問1　①〜③を、簡単な日本語で説明をしてください。
①私は「　　　　　　　　　　　　　　　　　　　　　　　　　　」。

> 答え

②「　　　　　　　　　　　　　　　　　　　　　　　　　　」。

> 答え

③「　　　　　　　　　　　　　　　　　　　　　　　　　　」。

> 答え

問2　簡単な日本語で説明した各文を、英語に直してください。

① |

答え

②

答え

③

答え

問題

　以下のTOPICについて、あなたの意見とその理由を2つ書きなさい。語数の目安は80~100語です。

　解答がTOPICに示された問いの答えになっていない場合や、TOPICからずれていると判断された場合は、0点と採点されることがあります。

TOPIC

Nowadays, more people are moving from rural to urban.
Do you think this is a good idea?

問　次の解答の間違いを指摘してみてください。

I think this is a good idea.

First of all, we have many opportunities because the city have many univercities, job opportunities, and hospitals. If you could have wanted to be a dentist in your childhood, you must enter University where you can learn dentistry. But there may not be a college in the rural area.

Second of all, urban areas are more convenience than rural areas.

For instance, urban areas have many natures park and fresh air.

For these reasons, living in the city is best choice than living in the countryside.

答え

実践編 ライティング問題6

本冊
124~128ページ

問題

　以下のTOPICについて、あなたの意見とその理由を2つ書きなさい。語数の目安は 80~100語です。

　解答がTOPICに示された問いの答えになっていない場合や、TOPICからずれていると判断された場合は、0点と採点されることがあります。

TOPIC

Today, more and more people put solar panels on their houses or farms to produce electricity. Do you think this is a good idea?

問　次の解答の間違いを指摘してみてください。

I think it is a good idea that more and more people put solar panels on their houses or farms to produce electricity.

Firstly, they are environmental friendly. For instance, introducing solar panels enables us to decline carbon dioxide emissions. This leads to solving environmental issues.

Secondly, we can save on electricity fares.

In the past, people are not able to use electricity produced by solar panels at night, but the invention of batteries allowed people to do so. Because of that, people can use solar power more economically and efficiently.

For these reasons, I think that it is a positive trend that the number of people who use solar panels are increasing.

答え

実践編 リスニング問題1

本冊
143〜150ページ

問題　下線部に当てはまる英語を聞き取り、書きなさい。その上で問題を解いてみましょう。

(Emma): Hey, have you_____to one of the residence hall seminars on alcohol issues yet?

(Liam): No, I haven't. I'm going to the one tomorrow. How was it?

(Emma): Actually, it was pretty interesting. There was a lot of information that really _____me _____about the consequences of_____alcohol. Like, for instance, 1 out of 4 college students_____that alcohol negatively_____their academic performance. And alcohol abuse can_____in many cases, as well as greater chances of violence and sexual assault.

(Liam): Oh wow! I guess that's true. Sometimes I'm really_____after drinking and I __ __ __ __, but I don't think that all that bad stuff can__ __me. I usually__ __before I _____ too drunk and blackout.

(Emma): Maybe not, but they_____us that it's still good to think consciously about our drinking habits. Binge drinking is still a big issue.

(Liam): Yeah? I've_____of binge drinking before, but what exactly is it?

(Emma): Well, binge drinking is basically drinking a lot of alcohol in a short amount of time. At the seminar, they_____that it usually means_____four to five drinks over a two-hour period. Even if you don't____ ____or others in the short-run, binge drinking often can_____a lot of health problems.

(Liam): What sort of problems?

(Emma): It can really_____to your liver, and your brain too. Long-term binge drinking can _____ ____ ____and even_____. I think it_____a lot of sense.

(Liam): How so?

(Emma): Well, I think that if you drink a lot, it can ____ ____ ____on alcohol. And that can _____ _____of loneliness and distress.

(Liam): Even if you're drinking socially?

(Emma): Definitely. Like I said before, it's important to____ ____ ____how much you're drinking each time. Even drinking socially can lead to dependence on alcohol, because then you feel the need to drink when you're around other people.

(Liam): You mean because of peer pressure? What if you just_____fun?

(Emma): Right! I think peer pressure has a lot to do with it, especially at college. We're all ____ ____ ____in and _____friends, so sometimes we drink more than we need to because everyone else is doing it. Insecurity _____a lot to do with it too. There's also a lot of stress at college from exams, so we want to escape. But, there are lots of ways to have fun relationships and _____friends without drinking.

(Liam): I think you're right. Maybe I won't drink so much at that party tonight...

問1　What is the main topic of the conversation?

①Alcohol issues in college.

②Making friends at college.

③Studying habits in college.

④Staying healthy in college.

答え

問2　Why doesn't Liam think that issues relating to alcohol will affect him?

①Liam is very healthy so alcohol doesn't affect him.

②Liam stops drinking before he becomes too drunk.

③Liam isn't interested in alcohol and he never drinks.

④Liam has been to the seminar and is well informed.

答え

問3　What is binge drinking?

①Consuming a little alcohol over a long period of time

②Consuming a lot of alcohol over a long period of time

③Consuming a little alcohol over a short period of time

④Consuming a lot of alcohol over a short period of time

答え

問4　Why does Emma think that binge drinking can lead to alcohol dependence in college?

① People may feel the need to drink in order to do their work.

② People may feel the need to drink in order to stay healthy.

③ People may feel the need to drink in order to make friends.

④ People may feel the need to drink in order to be more adult.

答え

問5　What advice does Emma give at the end of the conversation?

① We should never drink alcohol while in college.

② We can still socialize without drinking alcohol.

③ We need to limit ourselves to one drink a night.

④ We have to regularly get tested for liver disease.

答え

問題　下線部に当てはまる英語を聞き取り、書きなさい。その上で問題を
　　　解いてみましょう。

(Teacher) : So far in our discussion of early American history, we _____ mostly on Europeans : the British, German, and French people who _____ to the Americas and later _____ our country...this country. But they weren't the only people here, were they? And nor were they the first people here in the Americas. So today we are _____ about the story of the Native Americans, or American Indians, who _____ in this land for thousands of years.

But before we _____, let's just _____ about those two names I _____ : Native American and American Indian. We_____ them both. What is the difference? Is one better than the other? Let's _____ at the history and meaning of these words and then you can _____ for yourself. So...the word "Indian" was used by Christopher Columbus to describe the people he _____ when he first_____ in the Americas.

The name was really a mistake...he thought he _____ all the way around the world and landed in Asia. That is why he_____ _____ the people here Indians. But the name _____ and ____ ____ ____ ____ all the native people of America for hundreds of years. The phrase "Native Americans," on the other hand, was not_____ until the 1960s. It was _____ _____ _____ mostly by academics: professors and researchers who _____ about American Indians. They_____ that the word "Indian" _____ a negative meaning; it_____ people of cowboys and Indians, wars and that sort of thing.

OK, now that we_____ the historical context of each name, which one should we use? It might look like "Native American" is clearly the better choice; it seems more fair and correct. But if you_____ American Indians, most of them are OK with both, in fact, most still____ ____ ____ the word Indian. From their perspective, both names were made up by non-Indians, other people, so one is no better than the other. Just changing a name does not _____ all the terrible injustices _____ by Indians in the past. And it _____ all the problems _____ by Indian communities today. I think that is the real moral of the story.

Anyway...In this class, whenever possible we will_____ the actual names of Indian groups, _____ the Cherokees or Mohawks, rather than_____ them all in one category. Many Indian chiefs and leaders_____ that this is the best way to _____ Native American people. But when we____ ____ ____ all these people, then either Native American or American Indian is fine.

問1　In the lecture, who are the Native Americans?

① The first Europeans who arrived in the United States.

② People from Asia who immigrated to the Americas to live.

③ People who lived in America before Europeans came.

④ Everyone who was born and raised in the United States.

答え

問2　In the lecture, what is the difference between the "Native Americans" and the "Indians"?

① They are different groups of people from different parts of the United States.

② Native Americans live in the United States while Indians live in Canada.

③ Indians come from Asia while Native Americans come from North America.

④ They are two different names which are used for the same group of people.

答え

問3　Listen again to a part of the lecture. Then answer the question. Why does the teacher say this?

① So that the students know that his last point has a strong message in it.

② So that the students know that he is going to tell them a historical story.

③ So that the students know that the words chosen to use are not important.

④ So that the students know that these names are no longer heard today.

答え

問4　Which of the following best describes this lecture?

① The teacher continues to explain a topic that he began in the last class.

② The teacher introduces a new history topic, then defines some key words.

③ The teacher gives the students directions for a class history assignment.

④ The teacher explains an important event in American history using a story.

答え

問5　What will the teacher probably do next?

① Give the students a test on Native American history.

② Begin his lecture on the history of Native Americans.

③ Tell the story of the first Europeans to arrive in America.

④ Remind students to do their homework for the next week.

答え

実践編 リスニング問題3

本冊 167〜170ページ

問題 音声を聞き、次の文を読んで、選択肢から答えを選びなさい。Jane と Sho がフランスに留学することについて話をしています。

問1 What is Jane's main point?

① A native French-speaking host family offers the best experience.

② Having a non-native dormitory roommate is more educational.

③ Living with a native speaker shouldn't be a priority.

④ The dormitory offers the best language experience.

答え

問2 What choice does Sho need to make?

① Whether to choose a language program or a culture program.

② Whether to choose the study abroad program or not.

③ Whether to stay with a host family or at the dormitory.

④ Whether to stay with a native French-speaking family or not.

答え

参考 リスニング問題を解く時の4つのステップ

STEP 1 キーワードに線を引く
（名詞・一般動詞・副詞）

STEP 2 名詞から内容を想像する

STEP 3 一般動詞から内容を想像する

STEP 4 副詞から内容を想像する

音声

DAY
8
実践編 リスニング問題4

本冊
171〜173ページ

問題　音声を聞き、次の文を読んで、選択肢から答えを選びなさい。

問1　What is Tom's main point?

① Certain dishes are difficult to make.

② Imagination is an important part of cooking.

③ Some ingredients are essential for flavor.

④ Successful recipes include many steps.

答え

問2　What does Julia think about cooking?

① Cooking creatively is more fun than following a recipe.

② Cooking with feeling is the highest priority.

③ It is easy to make a mistake with measurements.

④ Preparing food requires clear directions.

答え

参考　リスニング問題を解く時の4つのステップ

STEP 1　キーワードに線を引く
　　　　　（名詞・一般動詞・副詞）

STEP 2　名詞から内容を想像する

STEP 3　一般動詞から内容を想像する

STEP 4　副詞から内容を想像する

問題　45～55語程度で要約しなさい。

From the 1980s to the early 2000s, many national museums in Britain were charging their visitors entrance fees. The newly elected government, however, was supportive of the arts. It introduced a landmark policy to provide financial aid to museums so that they would drop their entrance fees. As a result, entrance to many national museums, including the Natural History Museum, became free of charge.

Supporters of the policy said that as it would widen access to national museums, it would have significant benefits. People, regardless of their education or income, would have the opportunity to experience the large collections of artworks in museums and learn about the country's cultural history.

Although surveys indicated that visitors to national museums that became free increased by an average of 70 percent after the policy's introduction , critics claimed the policy was not completely successful. This increase, they say, mostly consisted of the same people visiting museums many times. Additionally, some independent museums with entrance fees said the policy negatively affected them. Their visitor numbers decreased because people were visiting national museums to avoid paying fees, causing the independent museums to struggle financially.

問1　第1段落の要約を、次の文に合う形で英語でしてください。

In the first paragraph, the writer says that_____.

答え

問2　第2段落の要約を、次の文に合う形で英語でしてください。

In the second paragraph, the writer says that_____.

答え

問3　第3段落の要約を、次の文に合う形で英語でしてください。

In the third paragraph, the writer says that_____.

答え

要約を作ってみよう！

答え

問題　45〜55語程度で要約しなさい。

In today's rapidly changing world, the importance of education cannot be overstated. Education serves as the foundation for personal growth, professional success, and societal progress. It empowers individuals with knowledge and skills that enable them to adapt to new challenges and contribute to the betterment of their communities.

Education encompasses a broad spectrum of formal and informal learning experiences, from traditional classroom settings to online platforms and practical hands-on training. It not only imparts academic knowledge but also fosters critical thinking, creativity, and problem-solving abilities. Moreover, education plays a pivotal role in promoting social cohesion and cultural diversity.

In conclusion, education is a powerful tool that has the potential to transform lives and societies. It is a fundamental human right that should be accessible to all, regardless of their background or circumstances. As we face the challenges of the 21st century, investing in quality education, lifelong learning opportunities, and educational equity is essential for building a more inclusive, innovative, and prosperous world for future generations.

問1　第1段落の要約を、次の文に合う形で英語でしてください。
In the first paragraph, the writer says that_____.

答え

問2　第2段落の要約を、次の文に合う形で英語でしてください。

In the second paragraph, the writer says that_____.

答え

問3　第3段落の要約を、次の文に合う形で英語でしてください。

In the third paragraph, the writer says that_____.

答え

要約を作ってみよう！

答え

実践編 新英検問題3

問題　45〜55語程度で要約しなさい。

Do you know how old the water you are using is? Look at a bottle or glass of water near you. In fact, the water in it is as old as the earth itself. Since the earth has a limited amount of water, the same water is used over and over again. This process is called the "Water Cycle."

In the "Water Cycle," water travels from the land to the sky and then returns back to the land. There are four stages in the journey of water: evaporation, condensation, precipitation, and collection. In the first stage, the sun's energy heats up bodies of water (like oceans and lakes). The water then "evaporates," or rises, into the air. Even more water rises to the air from plants. Next, the water in the air gets cold and makes clouds. This is called "condensation." When these clouds meet other clouds, they become too heavy to stay in the air. So all the water in the clouds pours out and falls back down to the earth. You see this all the time whenever it rains or snows, and it is called "precipitation."

The last part of the cycle, "collection," happens once the water has fallen back to the earth. Some of the water returns to oceans, lakes and rivers. The rest of the water gets "collected" into the ground to become groundwater, which is used to grow plants. Of course, cycle begins all over again when the water in these plants and oceans rises back into the sky. So you really are using the same water that has been on the earth since day one.

問1　第1段落の要約を、次の文に合う形で英語でしてください。

In the first paragraph, the writer says that_____.

答え

問2　第2段落の要約を、次の文に合う形で英語でしてください。

In the second paragraph, the writer says that_____.

答え

問3　第3段落の要約を、次の文に合う形で英語でしてください。

In the third paragraph, the writer says that_____.

答え

要約を作ってみよう！

答え

問題　45~55語程度で要約しなさい。

Why isn't school enough? Some might ask this question when looking at all the juku, known as "cram schools," in Japan. It is said that thirty percent of all Japanese students attend juku.

The number of juku-attending students continues to rise as more parents start looking at juku for their children before they start high school. In the past, students would start attending juku after their bukatsu (after-school activities) in the second year of high school, in order to prepare for college entrance examinations. Recently, however, out of fear that one year of exam preparation will not be enough to get into a prestigious school, parents are taking the safer route and forcing their children to enter cram schools at an earlier age. According to a survey, sixty percent of parents think their kids need juku and an education outside of what is offered by the public elementary school system.

As we move towards a society based on talent and intellect rather than wealth, a child's future depends not only on getting into college but also getting into the right college. Previously, preparation to get into the right college consisted of spending 1-2 years at yobiko, a school for post-graduate high school students to prepare for college entrance examinations. However, now college preparation seems to begin earlier, starting with elementary school. Now it seems that the child's future depends not only on getting into the right college but also getting into the right juku during elementary school. This leaves us to think: how can these children "enjoy" school life if every day after school, they must attend another "school."

問1　第1段落の要約を、次の文に合う形で英語でしてください。

In the first paragraph, the writer says that_____.

答え

48

問2　第2段落の要約を、次の文に合う形で英語でしてください。

In the second paragraph, the writer says that_____.

答え

問3　第3段落の要約を、次の文に合う形で英語でしてください。

In the third paragraph, the writer says that_____.

答え

要約を作ってみよう！

答え

本書掲載英語問題 日本語訳

DAY1 理論編 モデル問題（本冊16ページ）

あなたはアメリカに留学中で、午後の活動として2つの演目のうちどちらか1つを選んで見に行く必要があります。あなたの先生が次のプリントを渡してくれました。

金曜日の公演
パレスシアター
どこでもいっしょ
笑いあり、涙ありのロマンチックな恋愛劇
▶午後2:00開演（途中休憩なし、上演時間は1時間45分）
▶終演後にロビーにて演者らとトーク可能
▶飲食物の販売なし
▶幸運な5人には無料でTシャツ進呈

グランドシアター
ギター・クイーン
カラフルなコスチュームが売り物のロックミュージカル
▶午後1:00開演（上演時間3時間、15分の途中休憩2回を含む）
▶開演前にコスチューム姿のキャスト出迎えチャンスあり
▶ロビーにて飲食物（スナック＆ドリンク）、オリジナルTシャツ、その他グッズの販売あり

指示：あなたはどちらの公演が見たいですか。下記の枠内に必要事項を記入して担任の先生に本日中に提出してください。

DAY1実践編　リーディング問題１（別冊4ページ、本冊22ページ）

肥料
肥料の使用は、世界が取り組まなければならない課題です。肥料とは、植物の生育を良くするために添加される化学物質です。それらは植物に直接与えることも、植物の周りの地面に入れることもできます。動物の糞や野菜などの天然肥料があることを指摘することが重要です。しかし、今日のほとんどの農業では化学肥料が使用されており、化学肥料は人体や環境に有害である可能性があると多くの人が主張し

ています。

たとえば、化学肥料は地中に入れられることが多いため、それらの化学物質は水中に移動する可能性があります。これは、人々の飲料水が影響を受ける可能性があることを意味します。それはまた、湖や川に生息する魚や動物に害を及ぼす可能性があることを意味します。化学肥料は土壌も変化させ、将来の植物の成長に悪影響を与えるという証拠もいくつかあります。

一方、化学肥料は簡単で安価で効果的です。すぐに結果が得られるように作られており、いつでも使用できます。食物の栽培が難しい場所では、肥料は非常に役立ちます。さらに、世界の人口が増加するにつれて、食料を安価かつ迅速に栽培する必要性がますます高まっています。実際、2050 年に世界に十分な食料を供給するには、世界の農家は現在生産されているものより約 70% 多く生産する必要があります。環境に対する潜在的な副作用に焦点を当てるべきでしょうか、それとも社会に食料を供給できるかに焦点を当てるべきでしょうか?

DAY1実践編　リーディング問題２ （別冊8ページ、本冊26ページ）

クリスマス

クリスマスはもともと、イエス・キリストの誕生を祝うものであったことは忘れられがちですね。キリストが生まれてから 2,000 年の間に、この祝日は変化し、世界中に広がりました。今日、クリスマスはほぼすべての国で国民の祝日となっています。それぞれ、その日の独自の伝統があります。メキシコでは、家族がキャンディーを詰めた大きな紙のキャラクターを作り、子供たちはそれをキャンディーが落ちるまで棒で打ちます。スペインでは、子供たちが馬の餌でいっぱいの靴を窓に置いておきます。キリスト教徒が少ない国でも、この日は特別セールやその他のイベントが行われます。たとえば日本では、若者たちは友達と出かけて、お互いにプレゼントを贈り合います。現在のクリスマスは単なる宗教的な祝日ではありません。それは地球全体の文化イベントです。

イエス・キリストが実際にいつ生まれたのかは誰も知りませんが、ほとんどの歴史家はそれが紀元前5年頃であることに同意しています。長年にわたり、キリスト教会にはクリスマスの日付が一度もありませんでした。4世紀までにカトリック教会は12月25日を決定し、毎年この祝日を祝うようになりました。東ヨーロッパでは、ほとんどの教会で 1 月 6 日にクリスマスがあり、その伝統は今日も続いています。なぜこれらの日付が選ばれたのかは不明です。多くの文化圏ではこの時期に大型の祝日が設けられていますが、これはおそらく冬の間は仕事が減り、人々の自由時間が増えたためと考えられます。その中で、12月25 日が選ばれたのは、一年で最も

日が短い冬至だったからかもしれません。

その歴史のほとんどにおいて、クリスマスは教会に行く日でした。それは神と教会への信仰に関するものであり、照明、贈り物、買い物に関するものではありませんでした。これらの伝統は後に現れました。15世紀には、クリスマスシーズンに建物や家に緑の葉を吊るすのが一般的であったことが知られています。17世紀までに、イギリスのクリスマスには、食事、ダンス、歌、ゲームが含まれるようになりました。クリスマスツリーは18世紀まで導入されませんでした。クリスマスに最近追加されたものの1つは、サンタ クロースです。サンタクロースは、赤い服を着て白いひげを生やした大男で、善良な女の子や男の子たちにプレゼントを届けます。彼は北ヨーロッパの古い伝統に基づいていますが、現代的なサンタ クロースのイメージは19世紀に米国で作られました。

これらの新しい伝統はすべて、クリスマスの意味を変えました。クリスマスは現在、宗教と同じくらい家族、食べ物、贈り物に関する祝日となっています。米国では、教会に行かない家庭でも、イルミネーションやプレゼントが飾られたクリスマスツリーを飾っていることがよくあります。キリストの誕生から21世紀初頭まで、常に変化し続けるクリスマスは、地球上のあらゆる国や文化に適合する方法を見つけてきました。

DAY 2 理論編 モデル問題 （本冊34ページ）

不運はいつも最悪のタイミングでやって来るように思われます。夢だった仕事の面接を前にして渋滞につかまったり、最終試験を受ける法学部の学生が目覚めると、めまいがするような頭痛に襲われたり、陸上選手が大きなレースの前に足をくじいたり。これらは冷酷な運命の如実な例ですね。

しかし、本当にそうでしょうか？　今日では、このような不幸な出来事を研究している心理学者は、多くの場合において、人々は意識下で慎重に計画を練っているのかもしれない、と考えています。人々は「自己障害」として知られていることもある、自分を損なうような行動にでるのです。自己障害とは簡単に言えば、言い訳作りです。それは、単純なものです。重い障害を背負う事によって、努力が実りにくい状態を作り出します。これは馬鹿げたことのようですが、実際には狡猾な心理トリックで、現実に失敗した時にも面目が保てるような困難な状況を設定することなのです。

古典的な自己障害者はフランス人のチェスチャンピオンのデシャペルです。彼は18世紀の人物である。デシャペルはチェスの世界であっという間にチャンピオンになった優秀なプレイヤーでした。しかし競争が激化してくると、全ての対戦に新

しい条件を持ち出しました。彼は対局相手が有利な条件を受け入れ、自分が負ける可能性が高まった場合しか、対局を行いませんでした。本当に敗北したら、それを相手のプレイヤーのアドバンテージのせいにできたし、誰もデシャペルの能力の真の限界を知ることはできなかったのです。逆にそんな不利な状況をはねかえして勝った場合は、彼はその分だけ素晴らしい才能を賞賛されたわけですね。

言い訳作りの常習者に最もなりやすいのは、成功に貪欲な人々である、というのは驚くべきことではありません。そのような人々はどんな事に関しても、失敗の烙印を押されることを恐れるあまり、失敗の言い訳のために、常に次々と障害を作り上げるのです。実際に、時に自己障害は成功への不安に対処する有効な手段になりうるのですが、研究者によれば、それは最終的に自分を敗北させることになるのです。長期的には、言い訳の常習者は、自分の潜在能力を限界まで引き出して生きることができず、異常にこだわっていた地位を失ってしまうのです。そして本人がいくら否定しても、責任は彼ら自身だけにあると言えます。

DAY2実践編　リーディング問題3 （別冊12ページ、本冊40ページ）

日本のテレビ番組では、小さなスクリーンの一方にコメンテーターが1人、もう一方にアシスタントが1人います。コメンテーターは普通中年の男性で、アシスタントは普通若い女性で、可愛らしい人である場合が多いです。男性が様々な話題についてコメントし、女性がそれをサポートします。しかしそのサポートは、ほとんどないに等しいほど、小さなものなので、アメリカ人には、そもそも彼女がその場にいなくても構わないように見えます。女性は男性が様々な事を言う時にカメラに向かって頷いて、男性が大切な事を述べたら「そうですね。」と言うだけです。女性は絶対に自分の意見を言いません。多くのアメリカ人にとっては、このような2人のやり取りはかなり奇妙に感じられるのです。アメリカでもコメンテーターが2人いるのは全く珍しい事ではありませんが、普通それぞれがコメントをするし、両者は対等です。このような日本のテレビにおける一般的なスタイルでは、可愛らしい女の子は全く不必要に見える。アメリカ人は彼女の役割が分からないのです。しかし、彼女には重要な役割があるのです。

コメンテーターは、その定義からしても当然、自分の意見を述べます。欧米ではこれで十分なのですが、日本では公共の場で意見を述べる事は自己中心的な事であり、意見の一致が重要視される社会において、それは間違った事なのです。魅力的で、無口で、若いアシスタントは、この価値観をよく表しています。彼女が頷き同意を示す事で、男性の意見が単独のものでなく、従って彼が単に自己中心的なのではない、と示唆しているのです。むしろ、少なくとも1人の人が彼の意見に同意してい

るのだから、彼は正しい事を言っている、という事になります。同時に、その女性はあらゆる人が彼に同意している事を仄めかしているのです。結局彼女は男性コメンテーターに対してというよりは、視聴者に対して頷いているのです。そして、望ましい意見の一致はもはや達成されているわけです。

DAY2実践編　リーディング問題4 （別冊14ページ、本冊44ページ）

環境を守るための一番の方法はどんなものでしょうか？　基本的に、この疑問に対して異なった解答を持つ2つのグループがあります。その2つのグループが出す解答は、自然の価値をどう測る事ができると考えているかによって、決定されています。一方のグループは、例えば手付かずの熱帯雨林や汚染されていない川は絶対にお金で見積もる事ができない主張しています。従ってそのグループは、そういう自然はいかなる工業的・経済的利用からも保護されねばならないと主張します。このように彼らは、環境を守る最良の方法は、汚染と自然の無分別な利用に対して厳しい法規制を課す事だと考えているのです。

しかしもう一方のグループは、同様の目的を達成するために、市場の力に頼る方が良いと主張します。彼らは環境の価値を計算する事が可能だと信じています。例えば、彼らの計算によれば、ヨーロッパは汚染のせいでGNPの5%のコストがかかっているといいます。彼らはこのコストは汚染を引き起こした人が払うべきだと考えています。言い換えれば、企業は汚染を引き起こした程度に応じて課税されるべきだというのです。そうすれば、企業はよりクリーンな技術でよりクリーンな製品を製造しようと務めることになるでしょう。もしそうしなければ、会社は倒産するでしょう。なぜなら、汚染を引き起こす製品の値は上がり、売れなくなるからです。この種の汚染税は、汚染が不経済である一方、汚染の防止は経済的だと、実業家と消費者に伝える事になるのです。

DAY3理論編　モデル問題 （本冊52ページ）

進化は生命科学における最も基本的かつ強力な概念です。すべての生命がゆっくりとした発達のプロセスによってどのようにつながっているかを説明します。植物や動物は各世代で少しずつ変化し、何百万年にもわたってこれらの変化が新しい種を生み出します。このシンプルだが強力なアイデアは、英国の科学者チャールズ ダーウィンによって著書『種の起源』で初めて提示されました。1859 年に出版されたこの本は非常に人気があり、すぐにダーウィンの考えについての議論が巻き起こりました。しかし、1870 年までに、進化論は科学界で広く受け入れられました。

ダーウィンが生物学に興味を持ったのは、ケンブリッジのクライスト大学で医学を学んでいたときでした。学校を卒業した後、教師の一人が彼に、英国海軍のビーグル号で旅行して、南アメリカの動植物を研究することを提案しました。ダーウィンはこれに同意し、1831 年に 5 年間にわたる地球一周の旅を始めました。これはダーウィンの人生と彼の考えの発展にとって重要な時期でした。ビーグル号では、ダーウィンは船が停まった場所ならどこでも自由に陸上に行くことができました。彼は植物、動物、石のサンプルを収集しました。ダーウィンは、南アメリカの西側にある小さな島々で見つけた鳥に特に興味を持っていました。各島の鳥は他の島の鳥とは少し異なりましたが、科学ではなぜこの種類が存在するのかを説明することができませんでした。

1836 年 10 月、ダーウィンは 5 年間の海生活を終えて英国に戻りました。到着してからわずか数か月後、彼はある種の動物が別の種に変化する可能性について書き始めました。この理論は、なぜ小さな島々に異なる種類の鳥が生息していたのかを説明できるかもしれません。それらはすべて関連していましたが、それぞれの島の鳥は異なる環境に住んでいたため、時間の経過とともに新しい種に変化しました。ダーウィンはこの概念を 1837 年に思いつきましたが、進化論を発表したのは 1859 年になってからでした。彼は他の本を何冊か執筆し、健康上の問題に悩まされながら、ゆっくりとこのプロジェクトに取り組みました。彼が『種の起源』を出版したのは、別の研究者が同様の考えを研究していることを知ったときでした。

ダーウィンの進化論はキリスト教の創造物語と一致しないため、カトリック教会との対立を引き起こしました。当時のほとんどの人は、地球上のすべての動物は単に神によって創造されたと信じていました。今日でも、宗教指導者の中には、種が他の種に変化するという考えを受け入れられない人もいます。ダーウィンの理論は、人間は生命の樹に登場する単なる動物であるという、異なる世界観を提示しています。

DAY3実践編　リーディング問題 5 （別冊16ページ、本冊59ページ）

運転免許証の取得は、人生で最高の瞬間の 1 つとなりますね。しかし、実際にライセンスを取得する手順は国ごとに異なる場合があります。たとえば、アメリカでの運転免許取得のプロセスを日本での取得と比較してみると、興味深いです。

アメリカのほとんどの州では、16歳になると運転できるようになります。しかし、その 1 年前に、「Driver's Ed」（運転者教育）クラスを開始できます。これには、インストラクターと一緒に路上で運転することも含まれます。「運転免許証」を取得することもできますが、これは免許を持った人が同乗する場合に限り、運転する

ことができます。こうすることで、運転の練習ができます。お住まいの州によって
は、運転試験を受ける前に、一定の時間、運転の練習をする必要があります。18歳
以上であれば、自動車学校に通わずに運転免許を取得するという選択肢もあります。
実際、自動車学校に通わずにライセンスを取得することを選択する人も多くいます。
一般的に、米国でライセンスを取得するのにそれほどお金はかかりません。スクー
ルに通わずに免許を取得するなら5,000円未満で取得可能です。教習所に通っても
2万円～8万円程度です。

日本ではルールが異なり、通常は非常に高価なプロセスになります。運転免許証は
18 歳に達してからしか取得できません。米国のように、運転の練習のために運転
免許証を取得することもできますが、これは 18 歳になった後に限ります。日本で
は免許を取得するために自動車学校に通う人がほとんどですが、免許取得にかかる
費用は通常約24万円です。お金を節約するためにやらないという人もいますが、
行かずに免許を取得するのは難しいです。それは可能ですが、最初に自動車学校に
通わない人の多くは、運転免許試験に何度も失敗してしまいます。

DAY3実践編　リーディング問題６ （別冊20ページ、本冊66ページ）

2000年前、ヨーロッパ大陸とアジア大陸には、2つの大きな権力の中心地があり
ました。西では、ローマ帝国が北ヨーロッパからアフリカの頂上までの広大な土地
を支配していました。一方東部では、中国が豊かな物質文化と多くの新技術を備え
た強力な中央国家を発展させていました。それらの間には、今日の中国西部、アフ
ガニスタン、カザフスタンに当たる数千マイルの山々や乾燥した土地がありました。
この地域には飲み水が少なく、農業が非常に困難であったため、村も道路もほとん
どありませんでした。何千年もの間、ヨーロッパと東アジアの人々はコミュニケー
ションや交易をほとんどしていませんでしたが、紀元前 100 年頃、この状況は「シ
ルクロード」によって変わりました。

実際には、中国からヨーロッパまで一本の道はなく、むしろ中央アジアを横断する
道路と町のネットワークがあり、これほど長距離に商品を届けることが可能でした。
このネットワークの西部セクションは何世紀にもわたって存在し、馬や車両がヨー
ロッパ、北アフリカ、インドの間を移動できるようにしていました。東半分は、中
国人が単一政府に加わり、中央アジアでの存在感を高め始めたときに創設されまし
た。シルクロードが始まった明確な日付はありませんが、西暦 1 世紀までに、中
国と西側との間の貿易は大きなビジネスになりました。

シルクロードは、中国で生産され、西側で金やその他の商品と取引される特別な絹
織物にちなんで名付けられました。シルクはローマ帝国で非常に人気がありました

が、シルクロードで取引される唯一の品目ではありませんでした。植物、動物、金属、石、ガラスなどの物品も東西間で輸送されました。これらの商品のほとんどは途中で何度も取引されたため、通常はインドまたは中東から専門の貿易業者の手に届きました。シルクロード沿いに住んでいたこれらの人々は、都市に金銭や商品をもたらした絹貿易から多大な恩恵を受けていました。人々はシルクロードを旅し、文化、思想、宗教、さらには病気さえも持ち込みました。仏教はシルクロードによって初めて中国に伝わり、シルクロードはヨーロッパやアフリカにも多くの新技術をもたらしました。

シルクロードは西暦 100 年から 1000 年の間に最も重要でした。この期間を過ぎると、中央アジア全域での戦争や政権交代のため、貿易は徐々に衰退していきました。陸路での旅行はますます困難になり、最終的には海路での旅行に取って代わられました。ヨーロッパからの船が中国への道を見つけると、陸路よりも、船で商品を送る方が簡単になりました。シルクロードは現在は使われていないかもしれませんが、アジアとヨーロッパのすべての民族の歴史に影響を与えてきたのです。

DAY9理論編　モデル問題（本冊180ページ）

学生は大学に進学すると、両親と実家に住むことを決める人もいれば、自分でアパートを借りることを決める人もいます。ほかにも選択肢はあります。最近では、ルームメイトとシェアハウスを選択する人もいます。

その理由は何でしょうか？　数学や科学が得意で宿題についてアドバイスしてくれるルームメイトがいる学生もいます。他の学生には海外からのルームメイトがおり、日常会話を通じて外国語を学ぶことができます。このおかげで、彼らは外国語のスキルを向上させることができました。

一方で、夜遅くまで起きてテレビを見ているルームメイトがいる学生もいます。そしてテレビを見ます。これにより騒音が発生し、他の人が十分な睡眠をとることが困難になる可能性があります。ほとんど家の掃除を手伝ってくれないルームメイトがいる学生もいます。その結果、彼らは自分たちで家の掃除に多くの時間を費やさなければなりません。

DAY9実践編　新英検問題１（別冊42ページ、本冊186ページ）

1980 年代から 2000 年代初頭にかけて、英国の多くの国立博物館は訪問者に入場料を課していました。しかし、新たに選出された政府は、国立博物館に財政援助を提供するという画期的な政策を導入して、芸術をサポートしました。美術館の入場

料を値下げするためです。その結果、自然史博物館を含む多くの国立博物館の入場料が無料になりました。

この政策の支持者らは、国立博物館へのアクセスが広がるため、大きなメリットがあると述べました。教育や収入に関係なく、人々は美術館にある膨大な芸術作品のコレクションを体験し、この国の文化の歴史について学ぶ機会を持つことになるでしょう。

調査では、この政策の導入後、無料になった国立博物館への訪問者が平均 70% 増加したことが示されていますが、批評家は、この政策は完全に成功したわけではないと主張しています。彼らによると、この増加のほとんどは同じ人が美術館を何度も訪れたことによるものであるという。さらに、入場料を徴収している一部の独立系美術館は、この政策が悪影響を及ぼしたと述べた。人々が料金の支払いを避けるために国立博物館を訪れたため、訪問者数が減少し、独立した博物館は財政的に困難になりました。

DAY9実践編　新英検問題2（別冊44ページ、本冊190ページ）

今日の急速に変化する世界において、教育の重要性はどれだけ強調してもしすぎることはありません。教育は、個人の成長、職業上の成功、社会の進歩の基盤として機能します。これにより、個人が新たな課題に適応し、コミュニティの改善に貢献できる知識とスキルを身につけることができます。

教育には、従来の教室環境からオンラインプラットフォームや実践的な実践トレーニングに至るまで、公式および非公式の幅広い学習体験が含まれます。学術的な知識を与えるだけでなく、批判的思考、創造性、問題解決能力も養います。さらに、教育は社会的一体性と文化的多様性を促進する上で極めて重要な役割を果たします。結論として、教育は人生と社会を変える可能性を秘めた強力なツールです。これは、背景や状況に関係なく、すべての人がアクセスできるべき基本的人権です。私たちが 21 世紀の課題に直面する中、質の高い教育、生涯学習の機会、教育の公平性への投資は、将来の世代のためにより包括的で革新的で豊かな世界を構築するために不可欠です。

DAY10理論編 モデル問題 （本冊198ページ）

「クルーレス」という名前の映画について話したいと思います。先週の日曜日、『クルーレス』の映画鑑賞を終えてから、世の中には2種類の映画があることを思い出した。1度観ただけで1年後には忘れてしまう映画と、何年も名作として残り続け

る映画だ。1995 年の映画『クルーレス』は古典です。クルーレスは、裕福で人気のあるティーンエイジャーが学校、人間関係、そして友人や敵の大きなグループに対処する様子を追っています。彼女はショッピング、人気者になること、その他の浅はかなことが大好きですが、たとえ他の人が必ずしも同意していなくても、周囲の人々を助けることをもっと気にかけています。

視聴者の中には、この映画は 1990 年代に見た人にしか意味がないと思う人もいるかもしれない。確かに、『クルーレス』には、今では言わなくなったジョークやフレーズがたくさん出てきますが、観客は映画全体を通して笑いに満ちていました。では、なぜこれほど古いフレーズがたくさん出てくる映画が、何年も経った今でも愛されているのでしょうか？

愛すべき登場人物、とても面白い脚本、そして強くて自立した女性のせいだと言う人もいるかもしれないが、私はこの映画が、たとえ薄っぺらに見える人でも、良い心を持っていれば変化をもたらすことができることを示していると思う。それは決して時代遅れになることはありません。

DAY10実践編　新英検問題3 （別冊46ページ、本冊202ページ）

あなたが使っている水は何年前のものか知っていますか？　近くにある水の入ったボトルまたはグラスを見てください。実際、その中の水は地球そのものと同じくらい古いものです。地球上に存在する水の量には限りがあるため、同じ水が何度も使われます。このプロセスは「水の循環」と呼ばれます。

「水の循環」では、水は陸から空に伝わり、再び陸に戻ります。水の旅には、蒸発、凝縮、沈殿、収集という 4 つの段階があります。第 1 段階では、太陽のエネルギーが水域（海や湖など）を加熱します。その後、水は空気中に「蒸発」、つまり上昇します。植物からはさらに多くの水が空気中に上がります。次に、空気中の水が冷たくなり、雲ができます。これを「結露」といいます。これらの雲が他の雲と出会うと、重くなりすぎて空中に留まることはできません。したがって、雲の中の水はすべて流れ出て、地面に戻ります。雨や雪が降ったときに必ず目にするこの現象を「降水」といいます。

サイクルの最後の部分である「回収」は、水が地面に戻ると行われます。水の一部は海、湖、川に戻ります。残りの水は地面に「集められ」、地下水となり、植物の成長に使用されます。もちろん、これらの植物や海の水が空に戻ってくると、サイクルが再び始まります。つまり、最初から地球上にあったのと同じ水を実際に使用していることになります。

なぜ学校だけでは十分ではないのでしょうか？　日本中の「学習塾」と呼ばれる塾全体を見てみると、こんな疑問を抱く人もいるかもしれない。日本の学生の30％が塾に通っていると言われています。

高校に入学する前から子どものために塾を検討する親が増えており、塾に通う生徒の数は増え続けています。かつては高校2年生の部活動が終わってから大学受験に向けて塾に通い始めました。しかし最近では、1年間の受験準備では名門校に入学できないのではないかとの懸念から、親たちはより安全な方法をとり、子どもを早い年齢から塾に入学させるようになっている。調査によると、60％の親が自分の子供には塾や公立小学校制度以外の教育が必要だと考えている。

私たちが富ではなく才能と知性に基づいた社会に移行する中、子どもたちの将来は大学に入学することだけでなく、適切な大学に入学することにもかかっています。以前は、適切な大学に入学するための準備は、高校生の大学院生が大学入学試験を準備する学校である予備校で 1 ～ 2 年間過ごすことでした。しかし、今では大学の準備は小学校から早く始まるようです。今では、子どもの将来は、適切な大学に入学するだけでなく、小学校の間に適切な塾に入ることにかかっているようです。このことから、私たちは、もし毎日放課後に別の「学校」に通わなければならないとしたら、この子供たちはどうやって学校生活を「楽しむことができる」のかを考えさせられます。

Memo